BASTEI
LÜBBE

Für alle,
die heute noch
in den Sixties leben

Thomas Jeier

JEANS JEANS JEANS

Vom Kult der starken Hosen

BASTEI LÜBBE

BASTEI-LÜBBE-TASCHENBUCH
Band 63 101

Bildnachweis:
Levi Strauss & Co., Thomas Jeier.

Originalausgabe

Printed in West Germany 1987
Einbandgestaltung: Nagy-Roden
Satz: Fotosatz Froitzheim, Bonn

ISBN: 3-404-61101-3

Der Preis diese Bandes versteht sich einschließlich
der gesetzlichen Mehrwertsteuer

INHALT

Der schlimmste Tag im Leben eines Mannes ist,
wenn seine 501 in der Wäsche ist.

Wolfgang Joop, Modemacher

Vorwort

Ich glaube, ich habe schon in der Wiege Jeans getragen. Die blauen Dinger sind einfach zu bequem, als daß man irgendwann darauf verzichten könnte. Na schön, bei Hochzeiten und Beerdigungen vielleicht. Aber nach dem Essen gleich wieder rein in die Röhren und wohlig aufgeatmet. In Jeans, da bist du irgendwie lässiger und lockerer. Du brauchst die verdammten Hosenbeine nicht hochzuziehen, wenn du dich setzt, und du kannst dir die verschmierten Hände getrost daran abwischen. Das hat mir immer am besten an Jeans gefallen. Und natürlich, daß sie so bequem sind. Nun ja, und ein bißchen Weltanschauung spielt natürlich auch mit rein. Wahrscheinlich gehöre ich zu diesen unverbesserlichen Typen, die mit den Jeans auch die fünfziger und sechziger Jahre wieder ranholen wollen. So wie die Typen von Levi Strauss in ihren Commercials, den legendären Videos, ihr wißt schon, Waschmaschine und Tanzpalast und »Stand By Me« und so. Da hatten die Jungs mal den richtigen Riecher. Sind voll auf den Kult abgefahren, der diese starken Hosen spätestens seit James Dean und Marlon Brando umgibt.

Ich hab' dasselbe getan, hab' ein bißchen in der Aura gestochert, aber auch in der Jeans-Geschichte, die ja schon mit der Aus-

wanderung des guten alten Levi Strauss und dem kalifornischen Goldrausch begann. Ich hab' hinter die Kulissen des Jeans-Betriebes geschaut, mich in Fabriken und Büros umgesehen und mit den Bossen gesprochen. Ich hab' nach Erklärungen für den geheimnisvollen Kult gesucht, mir Typen angeschaut und die Geschichten zu Ende erzählt, die in den Videos nur angerissen wurden.
Ohne die Hilfe zahlreicher netter Menschen wäre das natürlich nicht gegangen. Besonders bedanken möchte ich mich bei Christiane Häberlein von der Agentur Conti, und der Firma Levi Strauss. Hier besonders: Bob Rockey, Josiane Bourguignon, Marcel Legrand, Joyce Bustinduy, Wolfgang Busch und Joe Cassaletto. Außerdem geht mein

Dank an die Pan American, die unter anderem nach San Francisco, der Heimatstadt von Levi's, fliegt.
Ach ja. Ihr solltet beim Lesen dieses Buches unbedingt eine Jeans tragen, dann sitzt es sich bequemer. Am besten eine 501, ihr wißt schon, die legendären Echten, dann seid ihr gut drauf, und dann läßt sich meine Schreibe auch besser ertragen. Bliebe nur noch zu erwähnen, daß ich beim Schreiben auch eine anhatte, 'ne 501, außer bei diesen ersten, für mich aber letzten Zeilen. Da sitze ich halbnackt an der Maschine, weil meine 501 gerade in der Wäsche ist. Und wie sagte doch ein Designer mal so schön: »Der schlimmste Tag im Leben eines Mannes ist, wenn seine 501 in der Wäsche ist.«

Thomas Jeier

Jeans – amerikanischer als das Sternenbanner

Ich hatte einen Traum. Einen bescheuerten, geb' ich ja zu, aber so bescheuert nun auch wieder nicht. Ich stehe also auf einem dieser Paradeplätze, die es in Amerika ja an jeder Straßenecke gibt, und lausche ergriffen der Nationalhymne. Die klingt alles andere als feierlich, eher so wie »Coca-Cola is it« oder »Wrigley's Chewing gum-gum-gum«. Angetreten ist ein ganzes Bataillon, aber nicht in diesen langweiligen Kampfanzügen, die einen immer an Korea und Vietnam erinnern, sondern in fröhlichen gelben Uniformen. Genau wie lauter kleine Ronald McDonalds sehen die Jungs aus. Stehen stramm und grüßen ergriffen, als der Ober-Ronald aus seinem 57er Chevy steigt, sich die feuchten Hände an seiner 501 abwischt. 501 – so sagt man heute zu der Ur-Jeans von Levi's, dem Ding, das schon die Goldgräber anno 1850 getragen haben. Wie gesagt, der Ober-Ronald in seiner Levi's steigt aus und bleibt neben dem Fahnenmast stehen. Ende der Nationalhymne, kräftiger Tusch. Zwei kleine Ronalds falten die indigo-blaue Flagge aus Denim auseinander und ziehen sie am Mast hoch. Nix Sternenbanner, statt dessen 'ne Fahne wie 'ne Jeans.

»Männer!« sagt der Ober-Ronald, obwohl seine Jungs nicht gerade so aussehen.

»Männer! Ich bin stolz auf euch, und ich bin stolz auf unsere neue Flagge. Zwei Jahrhunderte lang hat uns das Sternenbanner treue Dienste geleistet, hat es überall dort geweht, wo wir stolz auf unser Land sein konnten.« Er hüstelt ein wenig, als könne er das selbst nicht glauben, und blickt hilfesuchend zu Nancy. Die ist in eine enge 901 und eine weiße Bluse gewandet und lächelt ihn ermutigend an. »Ich bin sicher«, fährt er neuen Mutes fort, »daß uns auch die neue Flagge in guten und in schlechten Zeiten an unser Land und unsere Heimat erinnern wird. Nicht umsonst haben wir eine Farbe gewählt, die so amerikanisch ist wie kaum eine andere. Indigo-Blau. So wie unsere Jeans. Denn Jeans sind ein Stück von uns, gehören den armen und den reichen Amerikanern.« Dabei blickt er ein wenig schuldbewußt auf seine 501, um mit patriotischer Stimme fortzufahren: »Drum lasset uns die neue Flagge grüßen wie einst das Sternenbanner, denn Jeans sind Amerika! Gott schütze uns und die 501!«
Die vielen tausend Zivilisten am Zaun klatschen begeistert und rufen: »501! 501! 501! Gott schütze die Jeans!«
Ein seltsamer Traum, aber ich war weder betrunken noch auf'm Trip, und nachdem ich mir den Schweiß der Verzweiflung von der Stirn gewischt hatte, wurde mir klar, daß ich mit meinen Fantasien gar nicht so

falsch lag. Sicher, als ich in den USA aus dem Flugzeug stieg, wehte da immer noch das Sternenbanner, und die Soldaten trugen schlichtes Nato-Oliv, aber gleich neben der Fahne leuchtete das McDonald's-Zeichen, und jeder zweite Kunde trug 'ne Levi's. Ne 501, 'ne ORANGE TAB oder was auch immer. Und als ich dann die Augen noch ein bißchen weiter aufriß und genau hinschaute, wurde mir klar, daß jeder dritte Amerikaner so'n Ding am Leib hatte, fast wie 'ne zweite Haut. Vor soviel Blau erblaßte sogar das Sternenbanner.
Was mir wiederum bewies, daß Jeans noch amerikanischer sind als die Flagge mit den fünfzig Sternchen. Nicht ganz so amerikanisch wie Coca-Cola, aber mindestens so amerikanisch wie McDonald's. Der Taxifahrer in New York trägt sie, der schwarze Schuhputzer in New Orleans, der Arbeiter auf dem Baugerüst eines Wolkenkratzers. Der Farmer in Iowa, der Tankwart irgendwo im Westen. Aber auch das Fotomodell, der Journalist und der Yuppie im flotten Jöppchen. In Amerika und auf der ganzen Welt. Weil die Dinger praktisch sind und modisch nicht totzukriegen und einem diesen Hauch von Individualismus und Freiheit verleihen, den Amerika gern für sich pachtet.
Aber die Jeans kennen keine Grenzen, werden in Europa, Afrika, Asien, Australien

und sogar in der Sowjetunion getragen. Jeans. Ein amerikanischer Exportartikel, der mehr für das Image der USA getan hat als jeder Außenminister. Na ja, und vielleicht wird mein Traum ja doch mal wahr. Wäre doch gar nicht schlecht. Und dann wird auch die Flagge exportiert, und plötzlich haben wir alle dasselbe Fähnchen und wissen gar nicht mehr, gegen wen wir Krieg führen sollen. Weil wir auch alle dieselbe Uniform tragen. Das fröhliche Gelb von Ronald McDonald, aber unten drunter schauen natürlich die Beine einer 501 heraus.

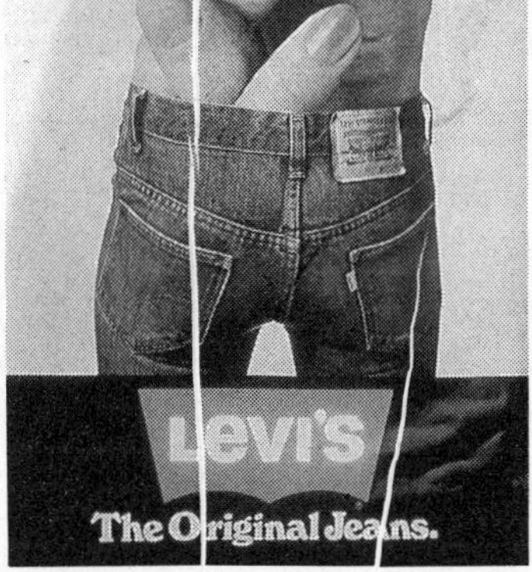

Levi Strauss wandert aus

Der mit dem traurigen Maultier, das bin ich. Meine Eltern haben mir irgendeinen vernünftigen Namen gegeben, aber alle Welt nennt mich Old Alkali Ike. Weil ich meine Hütte mal mitten in der großen Alkali-Wüste aufschlug, um dort nach Gold zu suchen. Ich bin nämlich Prospektor. Ziehe von einer verdammten Gegend in die andere, um nach Gold und Silber zu suchen. Reich bin ich dabei nicht geworden, ganz im Gegenteil, nach einem großen Fund reicht's bei mir gerade für eine Flasche Whisky, aber

Der starke Typ ganz links, das bin ich

mir macht es halt Spaß, in der Erde rumzubuddeln. In meinem früheren Leben war ich wahrscheinlich ein Maulwurf.
Mein Maultier – es ist eine Lady – heißt Jolante und findet meinen Job überhaupt nicht lustig. Was ich ihr nicht mal verdenken kann. Schaut euch doch an, was sie alles mit sich herumschleppen muß. Spaten, Pikkel, Pfanne, einfach alles, was ein Goldsucher halt so braucht. Mit anderen Worten: eine ganze Menge. Aber dafür bekommt sie auch jeden Morgen einen flotten Keks von mir, die Jolante.
Ihren traurigen Blick legt sie deswegen noch lange nicht ab. Aber der gilt ja auch meinen Klamotten, auf die sie mächtig eifersüchtig ist. Hab' ich von einem verrückten Deutschen, der vor ein paar Monaten in San Francisco auftauchte. Stolperte vom Segler und rannte genau in den alten Alkali hinein. Das konnte ich natürlich nicht auf mir sitzen lassen. Also lieferten wir uns erstmal eine mächtige Schlägerei, und dann gingen wir einen trinken. Sie vertragen 'ne ganze Menge, diese Deutschen, und dieser Bursche machte keine Ausnahme. Schüttete das Bier in sich hinein, als gälte es einen Rekord zu brechen.
Den brachen wir dann auch. Aber ehe wir um sechs Uhr früh, so nach dem zweiten, dritten Faß, ins Hotel stolperten, erzählte er mir noch seine Geschichte. Wie alle ande-

ren Goldsucher lechze ich nach solchen Geschichten, weil ich in der Wildnis kaum eine Zeitung in die Hand bekomme und nur selten erfahre, was sich so in der Welt tut. Da ist man schon dankbar, wenn einem ein weitgereister Mann wie dieser Levi Strauss über den Weg läuft. Sein Englisch war ja nicht besonders gut, aber ich hatte mich mit den drei Töchtern eines Indianerhäuptlings verständigen können und hatte so auch mit ihm keine Probleme.

Also, wie ich schon sagte, der Bursche hieß Levi Strauss und kam aus Deutschland. Aus Bayern, um genau zu sein, das liegt da, wo sich Europa langsam in den Bergen verliert. Er kam aus einer jüdischen Familie und wurde am 26. Februar 1829 in Buttenheim geboren, einem kleinen Nest irgendwo zwischen Nürnberg und Bamberg. Sein Vater hieß Hirsch und war Hausierer, soll heißen, er ging von Tür zu Tür und versuchte den Leuten Stoff anzudrehen. Das Geschäft lief nicht schlecht. Auf alle Fälle hinterließ er nach seinem Tod anno 1847 so viel Geld, daß seine Witwe Rebecca mit zwei Töchtern und Sohn Levi nach New York fahren konnte.

Amerika, das Land der unbegrenzten Möglichkeiten. So stand es damals in den deutschen Zeitungen, und die gute Rebecca glaubte natürlich jedes Wort. Kann ich ihr nicht mal übelnehmen, ich war ja auch Feu-

Levi Strauss in jungen Jahren

er und Flamme, als mein Onkel mir von den Wonnen eines Goldgräberlebens vorschwärmte. »In zehn Jahren bist du Millionär«, sagte er immer, und ich war schlau genug, ihn nie danach zu fragen, warum er im Altersheim endete. Ich dachte eben, er hätte Pech gehabt, und mir würde es anders ergehen. Nun ja, ich hab' ja noch ein paar Jährchen Zeit.
In New York war es nicht mehr weit her mit den unbegrenzten Möglichkeiten, da ging es 1848 schon wie drüben in Europa zu. Man mußte verdammt hart sein, um sich durchzubeißen. Viele Einwanderer, die voller Optimismus den Boden von Ellis Island betraten und auf New York losgelassen wurden, merkten das erst, als es schon zu spät war. Sie vegetierten in dunklen Absteigen dahin, mußten betrügen und stehlen, um sich über Wasser zu halten, oder wurden von Geschäftemachern ausgenommen. Hab' ich mir jedenfalls von meinem Kumpel Manhattan Joe erzählen lassen, der auch aus diesem Sumpf kommt, aber rechtzeitig in den Westen abdampfte und jetzt ein Bordell in Sacramento leitet. Kein schlechter Job, wenn ihr mich fragt.
Rebecca und ihre Kinder hatten keine Probleme in New York. Ihre beiden ersten Söhne waren schon einige Jahre früher nach Amerika ausgewandert und kamen erstaunlich gut über die Runden. Sie hatten

ein Stoffgeschäft in der unteren East Side aufgemacht. Sogar Manhattan Joe hatte dort seine Anzüge gekauft, und der machte damals wohl verstärkt auf feiner Pinkel. In meiner Gesellschaft gab sich das etwas, aber inzwischen läuft er auch wieder im feinsten Tuch herum, muß er ja auch bei den Mädels.

Bei den Brüdern streckten Rebecca, ihre Töchter und der gute Levi erst mal die Beine unter den gedeckten Tisch. Im Verkaufen waren die Juden ja schon immer gut, und so dauerte es nicht lange, bis die Familie das Stoffgeschäft zu einer Fabrik hochgepuscht hatte. Lief ordentlich, der Laden, aber für Levi nicht ordentlich genug, denn als der die erste Meldung über den Goldrausch in der Zeitung las, hatte er nichts Eiligeres zu tun, als ein Ticket zu kaufen. Für das Segelschiff nach Kalifornien. Da kann man Geschäfte machen, dachte er, und er hatte recht.

Aber wenn ich's heute so betrachte, hab' ich auch ein bißchen Anteil daran, daß der heute so gut dasteht. Nicht daß ich ihm im Geschäftemachen was vormachen könnte, ganz und gar nicht, ich buddele lieber in der Erde, aber der Zufall wollte es, daß ich ihn auf die zündende Idee brachte. Das war schon am ersten Morgen, als ich in seinem Hotelzimmer aufwachte und mir stöhnend an den versoffenen Kopf griff.

Die Erfindung der Jeans

Ihr erinnert euch: Levi und ich zogen johlend und bis zur Halskrause voll mit Bier und Schnaps zum Hotel, und nur der schüchterne Angestellte weiß wohl heute noch, wie wir in unser Zimmer gekommen sind. Ich weiß nur, daß ich das Bett um mehrere Meter verfehlt habe, denn als ich aufwachte, lag ich unter dem Waschtisch und sah einer fetten Fliege zu, die sich an den Essensresten unseres Vorgängers verlustierte. Wie die unter den Waschtisch gekommen waren, weiß ich nicht.

Was wußte ich eigentlich an diesem Morgen? Daß ich verdammtes Kopfweh hatte, zum Beispiel, und daß ich keine Ahnung hatte, wo zum Teufel ich mich eigentlich befand. Beides war nicht gerade neu für mich, und die jahrelange Erfahrung hatte mich gelehrt, wie man das Kopfweh vertreiben und den morschen Gedanken auf die Sprünge helfen konnte. Was ich dazu brauchte, war eine Flasche Whisky, und die fand ich nach einigem Stöhnen und Suchen auf einer Kommode. Ich hielt mich zitternd an dem Möbel fest, entkorkte die Flasche und nahm einen tiefen Schluck.

Das Mittel wirkte. Wie einer dieser Wundersäfte, die Doc Oppenheimer immer vor dem Rathaus anpreist, ließ es mich von Kopf bis Fuß erzittern, und dann war ich wieder voll da. Ich sah zumindest wieder klar und zu meinem großen Erstaunen einen bärtigen Jüngling im Bett liegen. Ich sah ihn ziemlich blöde an und fragte: »Wer bist *du* denn?«

Der Kerl schmunzelte in sich hinein und antwortete: »Levi Strauss aus Buttenheim. Der Kerl, mit dem du gestern zwei Fässer Bier geleert hast. Oder waren es drei?«

»Buttenheim? Klingt so nach Ostküste.«

»Ein bißchen weiter«, meinte er spöttisch, und ich frage mich heute oft, warum er nicht mal die Andeutung eines Katers zeigte. »Buttenheim liegt in Franken, in Deutschland.«

Ich nahm noch einen Schluck von dem Whisky. »Und du kommst den ganzen langen Weg, um dich hier zu besaufen?«

»Quatsch! Ich will hier Geld verdienen.«

»Noch so'n Irrer!« Ich schlug mir an den Kopf. »Mann, wenn du glaubst, hier läge das Gold auf der Straße, dann liegst du verdammt falsch. Man muß danach buddeln, und ich sehe dir an, daß du nicht den Funken einer Ahnung hast, wie man so was macht.«

»Stimmt genau«, erwiderte Levi, stand auf und leerte eine Tüte mit Knöpfen und Zwirnsrollen auf das Bett. »Ich will den Leuten ja auch was verkaufen.«

Ich starrte auf die Knöpfe und den Faden und brach in Gelächter aus. »Das da?«

Levi blieb ungerührt. Er zog einen Ballen braunes Segeltuch unter dem Bett hervor und meinte: »Und das hier. Oder braucht ihr keine Planen für eure Wagen und Zelte?«

Ich lachte immer noch, kugelte mich fast über den Unverstand dieses Greenhorns. »Planen haben wir genug!« meinte ich, und dann sagte ich eher beiläufig den Satz, der den guten Levi zum Millionär machen sollte: »Hosen brauchen wir, Mann! Anständige Hosen, die nicht gleich reißen, wenn man sich ein paarmal darin bückt. Aber so was hast du natürlich nicht zu bieten, haha! Planen! Knöpfe! Zwirn!«

Nun ja, ein paar Tage später lachte ich nicht mehr. Da rückte Levi nämlich mit einem Paar Hosen an, die so stabil aussahen, daß ich sie wohl auch noch unter der Erde tragen werde. Kein Wunder, dieser Teufelskerl Levi hatte sie aus dem mitgebrachten Segeltuch geschnitten. So vornehm wie der Anzug von Manhattan Joe sahen sie gerade nicht aus, aber sie waren verdammt noch mal die strapazierfähigsten Dinger, die ich je an meinen Stachelbeerbeinen gespürt hatte. Das sagte ich auch Levi.

Der war noch ein bißchen skeptisch. »Meinst du wirklich, die Goldsucher springen auf diese Hosen an?« wollte er wissen. »Die küssen dir den Arsch wund!« meinte

Levis Geburtshaus in Buttenheim ▶

ich begeistert. »In den Minen halten normale Hosen höchstens einen Tag. Aber diese Dinger hier, die halten ewig, Mann. Einfach genial, diese Idee mit dem Segeltuch. Hast du genug von dem Zeug?«

»Für dich und deine Freunde reicht es«, antwortete er, »aber wenn die anderen Goldgräber auch welche wollen, muß ich mir irgendein anderes Material besorgen.«

»Wie ich dich kenne, hast du schon was im Auge.«

Er grinste und kramte einen Zettel aus seiner Rocktasche. »Einen festen Baumwollstoff aus Frankreich, so strapazierfähig wie das Segeltuch hier. Der Stoff heißt ›Serge de Nimes‹ oder so ähnlich, kommt aus Nimes, das ist 'ne Stadt.«

»Denim? Klingt nicht übel. Krieg' ich die erste Hose?«

»Komm in vier Wochen wieder, dann hab' ich das Zeug.«

Nun, ich tanzte alle paar Tage an und fragte Levi, ob dieser Denim, oder wie der Stoff auch immer hieß, schon eingetroffen war. Er hatte sich eine kleine Wohnung genommen und schnitt Modelle aus irgendwelchem Stoff, aber ich wollte ja die echten Levi's, denn so nannte man die Hosen des Deutschen inzwischen. Er selbst sprach immer von Pantaloons oder Waist-High Overalls, aber Levi's klang besser für meine Ohren und die der anderen Goldgräber auch.

Nach drei Wochen und sechs Tagen war es endlich soweit. Die erste Ladung Denim war eingetroffen, und ich stolperte beinahe über die Ballen, als ich zur Tür hereinkam. Levi drückte mir ein Bier in die Hand, er hatte immer ein Fäßchen bereitstehen, und ich nahm einen tiefen Schluck. Dann befühlte ich einen der Stoffballen. »Fühlt sich verdammt gut an, dieser Denim ...«

»Serge de Nimes«, verbesserte er mich.

»Ach was«, wehrte ich ab, »Denim klingt doch viel besser. Warum ist das Zeug eigentlich blau?«

»Hab's mit Indigo färben lassen«, klärte er mich auf, »sieht irgendwie besser aus. Oder was meinst du?«

»Nicht schlecht. Wann ist die Hose fertig?«

Er lächelte über meine Ungeduld und sagte: »Du kannst darauf warten. Wie ich dich kenne, hast du sowieso nichts Besseres vor. Oder wolltest du Manhattan Joe besuchen?«

»Du meinst, eines seiner Pferdchen?« Ich grinste. »Nachher vielleicht, wenn ich die Hosen anhabe.«

Also setzte ich mich auf einen Stuhl, ließ mir von seiner Haushälterin Bier nachschenken und schaute ihm und seinem Schneider beim Arbeiten zu. Levi selbst konnte kaum mit einer Nadel umgehen, aber er wußte natürlich genau, wie er die Hosen haben wollte. Ständig hielt er dem armen Mann

eines der Modelle unter die Nase, und der schwitzte und schaffte, bis die erste Original Levi's vor uns auf dem Tisch lag.
Ich machte ein feierliches Gesicht und stieg in die Hosen. »Ein bißchen größer als die ersten«, meinte ich ein wenig enttäuscht.
»Das muß so sein bei Denim«, er quatschte schon wie wir, »aber nach einem kleinen Bad sitzt sie wie angegossen.«
»Du meinst?« begann ich ungläubig.
»Genau!« antwortete er grinsend. »Lucy hat dir schon einen Kübel mit heißem Wasser bereitgestellt.«

Die Ur-501 – damals noch Overall genannt

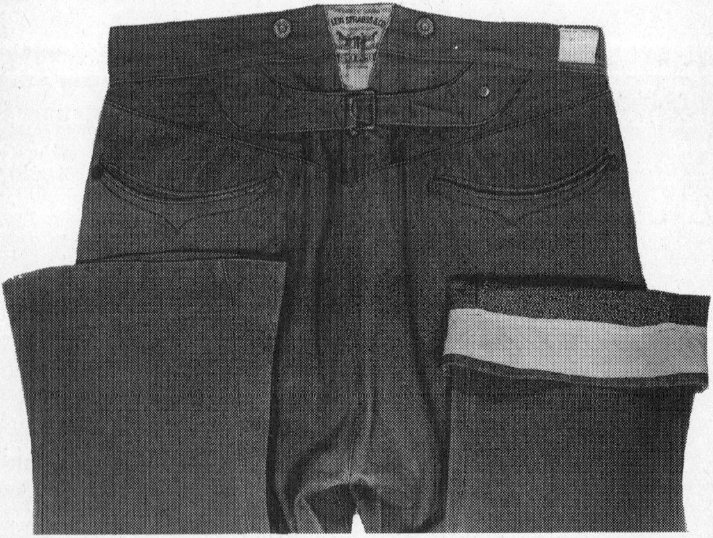

Also stieg ich mitsamt meiner neuen Hose in den Waschzuber und nahm ein ausgewachsenes Vollbad. Nahm dankend das Bierchen an, das Levi mir nachbrachte, und ließ mir von ihm eine Zigarre anzünden. Ein bißchen mißtrauisch war ich ja noch, aber als ich eine Stunde später aus dem Kübel stieg, saß die Hose tatsächlich wie angegossen. Ich befühlte das Zauberding und konnte mich gar nicht wieder einkriegen vor wundern.

»Levi«, sagte ich dann und schüttelte ihm theatralisch die Hand, »Levi, du bist ein Teufelskerl. Was bin ich schuldig?«

Er lächelte zufrieden. »Zwei Fässer Bier!«

Und dann gingen wir in den Saloon hinüber, er in seinem Arbeitskittel und ich in Stiefeln und nasser Hose, und tranken, bis wir so besoffen waren wie am ersten Abend.

Eine Hose für den Häuptling

Ob ihr's glaubt oder nicht, ich bin der schwindsüchtige Macker ganz links. Der mit den flotten Hosenträgern und dem starren Blick. Long John nennen sie mich, obwohl ich nie lange Unterhosen trage und eigentlich Erastus heiße. Aber das klingt ein bißchen bescheuert, und was soll's, mir ist es egal, wie ich gerufen werde. Dem Typ auf der anderen Seite schon weniger. Der wird immer fuchsteufelswild, wenn man ihn Polack nennt, obwohl er aus Polen kommt. Aber er besteht auf Kenny. Den Namen hat er mal in einer Zeitung gelesen und sich gleich angeeignet.

Warum ich das alles erzähle, werdet ihr gleich merken. Wir beide spielen nämlich die Hauptrolle in einem Abenteuer, das sich anno 1855 in der Nähe von Coloma abspielte. Wir waren damals noch junge Hunde und sahen noch lange nicht so verhärmt aus wie auf dem Foto, da waren wir schon abgeklärter und buddelten in der Last Chance Mine nach Gold. 1855 zogen wir noch mit der Waschpfanne und dem Sieb durch die Lande und hatten in Kalifornien einen beachtlichen Claim abgesteckt. Leider brachte er nicht viel, aber was will man machen, wenn das ganze verdammte Gold bei den Nachbarn gefunden wird.

Zumindest hatten wir unseren Spaß. Zum

Ob ihr's glaubt oder nicht – so sahen wir damals aus

Beispiel in jener denkwürdigen Nacht, als der Coyote dreimal heulte und Kenny wie von der Tarantel gestochen in seinen Dekken hochfuhr.

»Was ist denn?« rief ich erschrocken.

»Der Wolf!« stieß er entgeistert hervor. »Der Wolf hat dreimal gejault. Das bringt Unglück, großes Unglück!«

Ich kicherte leise. »Das war'n Coyote, du Dämelack!«

»In Polen ging's uns immer besonders drek-

kig, wenn der Wolf dreimal heulte«, sagte er immer noch erschrocken.
»Das war'n Coyote«, wiederholte ich.
»Wolf, Coyote ... ist doch alles dasselbe!«
»Wie du meinst. Und jetzt schlaf, verdammt!«
Wir hauten uns wieder auf's Ohr. Er träumte von einem riesigen Wolf, der einen Goldgräber nach dem anderen mit Haut und Haar verschlang, und ich träumte von einem halben Dutzend Indianer, die unser Lager umzingelt hatten und mit Gewehren auf uns zielten. Bis ich aufwachte und merkte, daß es die verdammte Wirklichkeit war. Da waren tatsächlich Indianer.
Bevor ich mich auch nur ein bißchen fürchten konnte, waren sie schon heran. Vier junge Krieger, die ihre Flinten bestimmt nicht zum Spaß rumtrugen, und ein älterer Typ mit weißen Haaren und Federhaube, der wohl der Häuptling war. Und ein wunderschönes Mädchen mit langen schwarzen Haaren und glühenden Augen und einer Figur, wie ich sie mir nicht mal im teuersten Puff von San Francisco denken konnte. Besonders der Anblick dieses Mädchens war es, der uns die Sprache verschlug.
»Gott schütze euch!« begrüßte uns der Häuptling, der sein Englisch wohl bei einem Missionar gelernt hatte. »Entschuldigt, daß wir euch so spät stören, aber ich will unbe-

dingt die Hosen dieses jungen Gentleman gewinnen.« Er deutete auf die Levi's an Kennys Beinen, ich steckte zum Glück gerade in Wollhosen.
Wir schauten ihn ziemlich blöd an. Mal davon abgesehen, daß ein Indianer so ein gepflegtes Englisch sprach, aber was sollte der Unsinn von wegen Hosen und gewinnen?
Er sagte es uns, indem er zwei wunderschöne rote Würfel mit weißen Punkten auf den Boden fallen ließ.
Kenny hatte sich wieder einigermaßen unter Kontrolle, wenn ihn auch das Mädchen ziemlich nervös machte. »Du willst um meine Levi's würfeln? Ist das dein Ernst?«
»Natürlich«, meinte er, als wäre das ganz normal. »Wir könnten dir die Dinger natürlich auch abnehmen, aber ich bin nun mal ein begeisterter Spieler und weiß ein spannendes Spielchen zu schätzen.« Er setzte sich Kenny gegenüber auf den Boden. »Drei Durchgänge, die höchste Punktzahl gewinnt.«
Kenny rappelte sich auf und rieb sich den Schlaf aus den Augen. »Moment mal«, sagte er, »und was kriege ich, wenn ich gewinne? Ich bin nämlich auch nicht schlecht im Würfeln.«
Der Häuptling überlegte. »Wie wär's mit meiner Tochter für den Rest der Nacht?«
Kenny blickte der jungen Indianerin in die

feurigen Augen und strahlte übers ganze Gesicht. »Einverstanden!«
Tja, und dann nahm das Spiel seinen Lauf. Ich hatte mich längst aus meinen Decken geschält und stand mit den vier jungen Kriegern um die beiden Spieler herum.
Kenny war zuerst dran. Er spuckte die beiden Würfel an, holte schwungvoll aus und warf eine Vier und eine Fünf.
»Nicht übel«, meinte der Indianer. Auch er spuckte die Würfel an, und auch er würfelte eine Neun: eine Drei und eine Sechs.
Kenny war jetzt Feuer und Flamme. Ich sah ihm richtig an, wie er im Geiste alle Schweinereien mit dem Mädchen durchexerzierte und nur darauf wartete, mit ihr im Wald zu verschwinden.
Er würfelte eine Zwei und eine Sechs.
Der Häuptling folgte mit einer Drei und einer Fünf.
»Verdammt«, rief Kenny mir zu, »jetzt kommt es auf die letzte Runde an. Drück mir die Daumen!«
Ich tat wie geheißen und war froh darüber, daß er den dreimaligen Coyotenschrei vergessen zu haben schien.
»Zwei Sechser!« jubelte Kenny gleich darauf.
Der Häuptling ließ sich nicht aus der Ruhe bringen. Murmelte irgendeine Beschwörungsformel vor sich hin und rief anscheinend sämtliche Götter seines Stammes an.

Die Goldsucher schwörten auf Levis Hosen

Das dauerte gute zehn Minuten, und wir wurden schon nervös, aber dann würfelte er doch, und direkt vor Kennys Füßen kamen zwei Sechsen zu liegen.
»Das gibt's doch nicht!« fluchte der. »Was jetzt? Sollen wir weiterwürfeln, bis eine Entscheidung gefallen ist?«
»Ich habe eine bessere Idee«, erwiderte der Häuptling, »ich bekomme deine Levi's und du meine Tochter!«
Das hörte sich nach einem fairen Tausch

an, und Kenny war natürlich mit Begeisterung dabei. »In Ordnung«, meinte er. Ohne jeden Anflug von Scham befreite er sich von seiner Levi's und drückte sie dem Häuptling in die Hand.

Der Indianer drückte sie liebevoll an seine Brust. »Ist doch was ganz anderes als die Lederdinger, die ich sonst immer trage«, sagte er begeistert.

Kenny hatte wohl einen ähnlichen Spruch auf Lager, verkniff ihn sich aber und griff nur stumm nach dem Mädchen. Der Häuptling stellte sich ihm barsch in den Weg.

»Aber du hast doch gesagt, ich darf mit deiner Tochter...«, begann Kenny verwundert.

»Das ist meine Frau«, sagte der Häuptling entrüstet. Dann rief er ein paar Worte in seiner Sprache, und die wohl häßlichste und unförmigste Indianerin, die ich je in meinem Leben gesehen hatte, trat aus dem Wald. Sie grinste schielend und sabberte wie ein Baby vor sich hin. »Das ist Schielende Elchkuh, meine Tochter«, meinte der Häuptling, und ich begann zu verstehen, warum er sie versteckt gehalten hatte. Mir wurde beinahe schlecht, als ich die großen Warzen auf ihrer Nase sah.

Aber ich konnte zumindest in meinen Dekken verschwinden und mir die Ohren zuhalten, während Kenny gar nichts anderes übrig blieb, als mit diesem Monster in den

Clinch zu gehen. Dafür sorgten schon die Krieger mit ihren Flinten. Sie standen um die beiden herum und zogen sich erst zurück, als Schielende Elchkuh zufrieden lächelnd ins Gras sank.
Ein paar Minuten darauf folgten sie dem Häuptling und seiner jungen Frau ins Unterholz, die unförmige Elchkuh im Schlepptau. Im nächsten Augenblick vermeinte ich, den dreimaligen Schrei eines Coyoten zu hören. Oder war es ein Wolf? Kenny und ich diskutierten nicht mehr darüber, und auch die schaurig-schöne Geschichte von der heißen Liebesnacht legten wir zu den Akten. Wir taten einfach so, als wär's ein Traum gewesen.
Ein Jahr später schlugen wir die »Coloma Gazette« auf und entdeckten ein Foto im Innenteil. »Indianische Häuptlinge besuchen Washington« stand darüber. Und dann: »Eine Abordnung indianischer Häuptlinge besuchte gestern die Hauptstadt. Sie vereinbarten mit dem Präsidenten einen dauerhaften Frieden und wurden mit einer Friedensmedaille ausgezeichnet. Heulender Wolf sagte, die Medaille wäre fast so schön wie seine Levi's, die er von einem guten Freund beim Würfeln gewonnen hatte.«
Und tatsächlich: Da stand dieses rote Schlitzohr vor unserem Präsidenten und trug Kennys Hose.

Wie die Niete an die Hose kam

Nichts gegen Long John und seinen Kumpel Kenny und vor allem nichts gegen diese Rothaut, aber ich trug schon Jeans, da liefen diese drei noch in Windeln rum. Und wenn ich es auch nie rumposaunt habe, so bin ich doch ein bißchen stolz darauf, daß ich dem Levi zu seiner genialen Idee verholfen habe. Und das gleich zweimal, wenn man's genau nimmt. Das erste Mal, als wir besoffen im Hotelzimmer aufwachten, und das zweite Mal anno 1860, als ich mich bei meinem Schneider über die ausgerissenen Taschen beklagte.

J.W. Davis hieß der Typ, ein feiner Pinkel, der aber echt gute Arbeit leistete, wenn es um Nadel und Faden ging. Nur mit den Levi's kam er nicht ganz klar. Er brachte es einfach nicht fertig, die Taschen so anzunähen, daß sie nicht abrissen.

Als ich wieder mal bei ihm auftauchte, hatte er wohl die Nase voll. Obwohl ich damals als rechtes Rauhbein verschrien war, schimpfte er mich aus wie einen dummen Jungen: »Ist ja kein Wunder, daß die Taschen immer ausreißen, wenn du dauernd deine Gesteinsproben darin herumträgst!«

»Aber wo soll ich sie denn sonst hin tun?« fragte ich.

Er griff nach Nadel und Faden und schüttelte den Kopf. »Müssen es denn gleich immer

Wackersteine sein? Die anderen Jungs halten ihre Hosen doch auch in Ordnung!« »Die packen die Steine in ihre Satteltaschen oder in irgendwelche Beutel«, meinte ich geringschätzig, »aber ich muß die Dinger

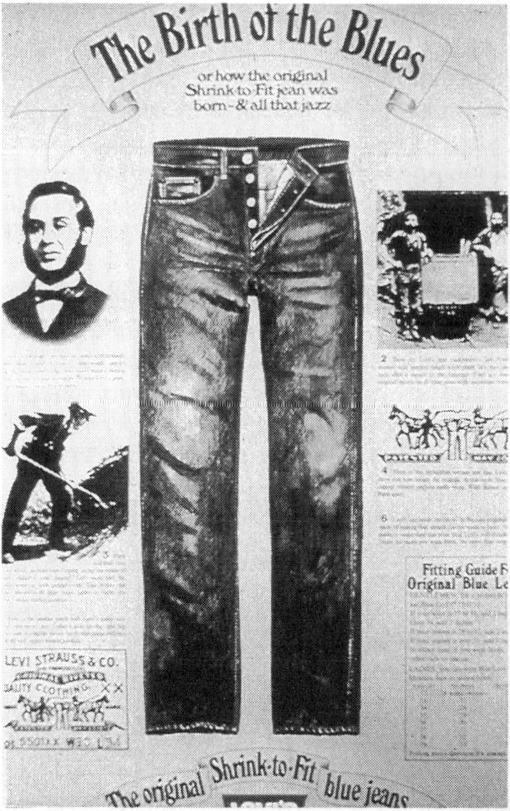

bei mir haben, sonst läßt sich nicht arbeiten!«
Er warf Nadel und Faden zur Seite und sagte: »Weißt du was? Diesmal machen wir Nägel mit Köpfen. Ich haue einfach ein paar Nieten in den Stoff, dann halten die Taschen bestimmt!«
Gesagt, getan. Er ging an seinen Werkzeugschrank, kehrte mit einem Hammer und mit Nieten zurück und reparierte die ausgerissenen Taschen auf seine Weise. Sahen nicht mal schlecht aus, die Messingdinger. Vor allem aber hielten sie, und ich konnte von nun an ständig Steine mit mir herumschleppen.
Natürlich erzählte ich auch Levi von den Nieten. Und mein deutscher Freund war so begeistert, daß er meinen Schneider in Virginia City gleich aufsuchte und mit ihm ein Bierchen trank. Überflüssig zu erwähnen, daß jetzt alle Levi's mit Nieten versehen wurden und die Erfindung am 20. Mai 1873 sogar als Patent angemeldet wurde. Unter der Nummer 139.129, wenn ihr es ganz genau wissen wollt.
Na, jetzt wißt ihr, warum ich dem guten Levi gleich zweimal auf die Sprünge geholfen habe. Und ob ihr's glaubt oder nicht, an irgendeinem regnerischen Nachmittag in San Francisco fragte er mich sogar, was er mir schuldig sei. Ich starrte ihn an, lächelte und sagte: »Zwei Fässer Bier, mein Lieber!«

Levi Strauss – bis zum Zweiten Weltkrieg

Das hätte sich der Levi bestimmt nicht träumen lassen. Aus seinem Einmann-Betrieb in der Battery Street ist ein florierendes Großunternehmen geworden, das auf der ganzen Welt zu Hause ist. Gegründet wurde es noch von Levi selber. 1890 war das, satte vierzig Jahre, nachdem er die erste Levi's für einen kalifornischen Goldgräber angefertigt hatte. Der Bayer hatte wohl nicht in seinen kühnsten Träumen geahnt, was sich mit der neuen Bluejeans alles anstellen ließ.

Levi Strauss – da war er schon etwas älter

Er nährte sich redlich, ging kaum Experimente ein und häufte die Taler, die inzwischen Dollar waren. So wie sich's für einen soliden mittelständischen Frankenbürger gehört. Als Levi Strauss anno 1902 das Zeitliche segnete, hatte sein Betrieb ganze vierzig Mitarbeiter.

1980 waren es tausendmal soviel. Dann ging's zwar wieder bergab, weil's mit dem Jeans-Verkauf in der ersten Hälfte der achtziger Jahre arg haperte, aber 1986 leuchtete dafür wieder die Sonne, und man verzeichnete das beste Jahr in der Geschichte des Jeans-Giganten. In schlichten Zahlen ausgedrückt: 33050 Mitarbeiter erwirtschafteten einen Umsatz von rund sechs Milliarden Dollar. Ungefähr 30 Millionen Jeans wurden verkauft.

Den größten Reibach dabei machte natürlich die Company in San Francisco. Man residiert übrigens immer noch in derselben Straße wie vor 130 Jahren, nur die Büros sind größer und moderner geworden. 53 Prozent des gesamten Umsatzes wurden von der Jeans Company in den USA gemacht, aber auch Levi Strauss International hielt gut mit und trug immerhin ein Viertel des Umsatzes heran. Den Rest brachten Levi Strauss Sportswear und andere Firmen des Konzerns ein.

Paradepferd der Firma blieb seit jenem denkwürdigen Tag des Jahres 1853 die Ur-

Jeans, die legendäre 501. In 134 Jahren wurde ihr Design kaum verändert, eine 501 sieht heute praktisch noch genauso aus wie vor hundert Jahren. Zum Beispiel das Muster auf den Gesäßtaschen. Eine Doppelnaht bildet einen Doppelbogen und damit das amerikanische Warenzeichen, das am längsten auf einem Kleidungsstück prangt: seit 1873 nämlich.

Nicht so gemütlich wie zu Hause, aber immerhin

Oder das Lederetikett auf dem rückwärtigen Hosenbund, das zwei Pferde zeigt, die verzweifelt versuchen, eine Levi's auseinanderzureißen. Das Ding wird mit Leinenzwirn aufgenäht und macht eine Levi's erst zur Levi's.

Kenner achten auch auf das kleine rote Fähnchen, das an der rechten Gesäßtasche jeder 501 befestigt ist. RED TAB sagen die Fachleute dazu. Oder SILVER TAB und ORANGE TAB, wenn es sich um schlichte Ausführungen aus dem Hause Levi's handelt. Das Fähnchen wurde 1936 patentiert.

Was sonst noch an der Parade-Jeans geändert wurde? Gar nichts. Im Gegenteil, es wurde was weggenommen. Die Nieten an den Gesäßtaschen nämlich, weil sie Schultische, Sättel und den Lack der Ami-Schlitten verkratzten. Und die Niete im Schritt, und das kam so:

Walter Haas Sr., seinerzeit oberster Boß bei Levi's, verbrachte seine Wochenenden am liebsten beim Angeln. Stand stundenlang am Teich und wartete auf den goldenen Biß und hockte abends am Lagerfeuer und aß die Beute auf. So ein Feuer ist heiß, und wenn man dann ein bißchen näher an die Flammen rückt wie Mr. President, weil einen das Zipperlein plagt, wird auch besagte Niete im Schritt heiß. Lädt sich sozusagen mit Hitze auf, bis der Hosenträger jaulend aufspringt und vor Schreck die

Bierdose ins Feuer fallen läßt. Solchermaßen geplagt, so geht jedenfalls die Legende, entschloß sich Walter Haas Sr., besagte Niete entfernen zu lassen.
Levi's ist gleich 501 – so hieß es in den ersten Jahrzehnten der Firma. Man verkaufte praktische Arbeitskleidung, und kein

Heute geht's ein bißchen flotter

Mensch dachte daran, daß die blauen Hosen einmal ihr blaues Wunder erleben und zu einem Kultobjekt mehrerer Generationen werden könnten. Die Dinger wurden getragen, weil sie so praktisch waren, von Farmern, von Goldgräbern. Von den historischen Cowboys im vorigen Jahrhundert nur selten, die waren nämlich nicht beson-

Cowboys ziehen und tragen

ders auf Schollenbrecher und Gold Digger zu sprechen und verschmähten deren grobe Kluft.

Erst die modernen Cowboys im zwanzigsten Jahrhundert zogen Jeans an. Zum Glück für Levi's, die massenweise Hosen in den amerikanischen Westen schifften. Jeder Cowboy brauchte ja mindestens zwei,

an einem Strick Jeans.

eine zum Arbeiten und eine zum Ausgehen. Und als findige Rancher nach der Wirtschaftskrise auch noch auf die Idee kamen, ihre Ranches für Besucher aus dem Osten zu öffnen und zu sogenannten Dude Ranches zu machen, war der Siegeszug der Jeans und damit von Levi's nicht mehr aufzuhalten.

Neben der 501, die man damals noch schlicht LEVI'S nannte, gab es jetzt auch Bluejeans für Damen, dazu Jacken, Reithosen und Westernhemden. Eben alles, was des Cowboys oder Cowgirls Herz begehrt. In den Straßen von New York oder Boston waren die blauen Hosen noch lange nicht angesagt, und man konzentrierte sich bei Levi's voll auf den Marlboro-Mann. In der Werbung waren fast nur Leute mit Cowboyhüten und Pferde und Lagerfeuer zu sehen, und man wunderte sich eigentlich nur, daß es noch keine Jeans für Pferde gab.

Der amerikanische Westen als einziger Markt für die Hose mit den Nieten und dem roten Fähnchen? Natürlich nicht. Dafür sorgten schon der Zweite Weltkrieg und später dann Typen wie Marlon Brando und James Dean, die das blaue Ding zu einem Kultobjekt und damit zu einem Welterfolg machten.

Die 501 – mehr als eine Hose

Ich weiß noch, als ich mit meiner ersten Jeans nach Hause kam. Das war irgendwann in den frühen sechziger Jahren, und meine Eltern kannten die Dinger nur aus dem Kino. Marlon Brando und so. Und John Wayne und Randolph Scott. Mit denen ritt ich jeden Samstag über die Leinwand, und weil ich Westernfan war und auch heute noch bin, mußte ich natürlich so 'ne Nietenhose haben. Ne echte Levi's natürlich, andere Jeans gab es damals auch kaum. Vor allem wollte ich nicht eine von diesen billigen Warenhausdingern, die jedem Jeans-Fan die Galle hochtreiben – so wie ein Coke-Fan bei Afri auf 195 kommt.
Ich also 'ne muntere, in den Ferien selber verdiente Mark für eine Levi's im Fachgeschäft hingeblättert und stolz damit nach Hause gezockelt. Meine Mutter machte ihr Rolling-Stones-Gesicht. Den britischen Rockern gab sie ganze zwei Jahre, als ich mit der ersten Scheibe nach Hause kam, und was daraus wurde, weiß heute jedes Kind. Mick & Co. rollen immer noch. Beim Anblick der Levi's sagte sie gar nichts, weil sie irgendwie auch auf die Hosen stand, und ihre Hände schlug sie erst über dem Kopf zusammen, als ich mitsamt meiner Levi's ins heiße Badewasser stieg. Genau. So wie der Typ im Werbefilm. Was sich heute

wie ein Kinomärchen ausmacht, war damals rauhe Wirklichkeit. Vielleicht nicht so romantisch, wie man sich's vorstellt, aber irgendwie affenmäßig. Will sagen, ich hockte wie Graf Kokolores in der Wanne, in der linken den Schwamm, in der rechten die 6½ Unzen-Flasche Coke, die ich mir schon damals zu besonderen Gelegenheiten gönnte, im Hintergrund dröhnten die Stones ihr »It's All Over Now«, und vor der Wanne stand meine Mutter und fühlte sich verzweifelt an James Dean in »Denn sie wissen nicht, was sie tun« erinnert.
Du sagst es, Bruder, das waren die frühen Sixties, wie wir sie alle erlebt haben. Na,

Levi's – für die lieben Kleinen auch als Jumper

zumindest die unter uns, die einigermaßen draufwaren. Angepaßte Wüstenroth-Menschen gab es schon damals, auch unter der Jugend, aber die trugen natürlich biedere Baumwolle, braun oder grau, und nicht dieses blaue Cowboygarn.
Du merkst sicher schon, worauf ich hinaus will. Daß die 501, wie man sie damals selten nannte und heute allerorts nennt, daß dieses blaue Kleidungsstück mehr war und ist als eine bloße Hose. Ein Kultobjekt nämlich. Sozusagen der '57er Chevy unter den Kleidungsstücken. Ein Ding, das eine ganz bestimmte Aura, eine Atmosphäre heraufbeschwört. Für mich war's anfangs der Wil-

O HORSE BRAND OVERALLS ARE MADE FOR MEN OF EVERY TRADE

de Westen, weil ich halt selber ein halber Cowboy war. Dann trugen plötzlich (fast) alle in der Klasse eine Levi's, und man legte das Ding an wie Bauersfrauen eine Schürze. Als praktisches Allzweckstück, an dem man auch mal seine Hände abwischen konnte, und das die Tintenflecke wenigstens einigermaßen verbarg.
Ja, und als die Schule dann in die letzte Runde ging, und wir den Aufstand probten und gegen das Scheiß-Vietnam protestierten, da wurde die Levi's sogar zu 'ner Art

Endstation für die Dalton-Bande – und was trug man?

Uniform. Behaupteten jedenfalls viele Erwachsene und superschlaue Soziologen. »Protestieren gegen die Gleichmacherei und gegen die Armee und tragen selber eine Uniform.« So oder ähnlich klangen damals die Vorwürfe, besonders nach Woodstock, wo man vor lauter Jeans kaum die Bühne sah. Und warum rissen die Etablierten damals den Mund auf? Weil sie keine Ahnung hatten, natürlich nicht, und weil ihnen der Arsch ob dieser Rebellion mächtig auf Grundeis ging.
Uniform ..., daß ich nicht lache. Wer nur ein bißchen was von der 501 versteht, der weiß, daß eine Hose der anderen zwar aufs Haar gleicht, der hat aber auch gelernt, daß keine 501 so wie die andere ist. Ihr meint, ich hab' sie nicht mehr alle? Mag ja sein, Freunde, aber wo ich recht habe, da habe ich recht. Nach dem berühmten Bad nämlich oder nach mehrmaliger Wäsche nimmt eine 501 die Figur des Trägers und keine andere an. Dann paßt sie nur noch dem, der damit in der Wanne saß. Ein individuelleres Kleidungsstück gibt's gar nicht, auch wenn man's ihm nicht auf den ersten Blick ansieht. Mit anderen Worten: Wer keinen Bock drauf hat, stundenlang beim Maßschneider rumzustehen, der fährt am besten mit der 501. Weil das Ding sitzt wie keine andere Hose, und weil man sich darin so maßlos wohl fühlen kann.

Die 501 – mehr als eine Hose. Weil sie eine ganze Welt heraufbeschwört. Die Fifties, die Sixties, das Amerika eines James Dean oder Marlon Brando. Bonbonfarbener Neon am Roadside Motel, regennasser Asphalt, ein '57er Chevy mit Natalie Wood drin. Die Musik von Elvis und Little Richard, von Percy Sledge und Ben E. King. Coke in der klassischen Flasche, Hamburger und Ice Cream Sundaes am Drive-In. Die einsame Fahrt über den Highway, die erste Nacht mit dem blonden Mädchen von nebenan, auf dem Rücksitz deines alten Chevy natürlich. So wie in den Werbefilmen von Levi's. Romantisch verklärt, ganz klar, denn so schön war's in Wirklichkeit ja gar nicht. Das wissen alle, die damals aufgewachsen sind. Aber so schön hätte es sein können, wenn man uns alle Probleme abgenommen hätte. Mit der 501 träumt man davon.
Und ein Typ wie ich grinst sich natürlich eins, wenn die 501 plötzlich der letzte Schrei ist und sogar an den Beinen sogenannter Trendsetter klebt. »Ihr Lieben«, möchte ich denen immer zurufen, »glaubt ja nicht, daß ihr diese Mode erfunden habt. Wir haben die Dinger schon getragen, da war an euch noch gar kein Gedanke. Findest du geil, den Typ in der Badewanne und das blonde Mädchen mit der 501 am Körper? Ich auch, Mann! Mit dem kleinen Unterschied, daß ich damals dabei war. Du

sagst es, ich habe damals wirklich gelebt. Und ich werde einen Teufel tun und dir sagen, ob es wirklich so gewesen ist.«

Levi's 501 – das Original

Es gibt viele Jeans, aber nur eine 501. Das Original sozusagen. Von einigen Änderungen mal abgesehen, die gleiche Hose, die Levi Strauss anno 1853 an einen Goldgräber verscheuerte. Die Ur-Jeans – the real thing. Das Ding, das Geschichte gemacht hat. Besser und stabiler als gewöhnliche Jeans, weil sage und schreibe vierzehn Arbeitsgänge mehr drinstecken. Eine verstärkte Hüftnaht, einzeln verlaufende Nähte an den Gesäßtaschen und die typische Extranaht im Schritt. Eine zusätzliche Niete an der Uhrentasche. (Ich hab' immer Kleingeld drin.) Und hinten das rote Fähnchen, das Symbol für Qualität, das die 501 aus allen anderen Jeans heraushebt.
Was sagst du da? Ich plappere nur das nach, was in den Werbebroschüren der Firma steht? So'n Quatsch, ich bin der erste, der Konzernen auf den Schlips tritt und den Mund aufmacht, wenn mir was nicht paßt, aber ich finde, man sollte auch mal loben dürfen. Schließlich laufe ich seit einem Vierteljahrhundert in der 501 von Levi's rum und kann mir ein Urteil erlauben. Da ging nie 'ne Naht auf, riß nie 'n Knopf ab, und die Dinger paßten immer wie angegossen. Soll ich da das Meckern anfangen?
Über den Preis vielleicht, denn stolze 120 Märker muß man schon hinblättern für eine

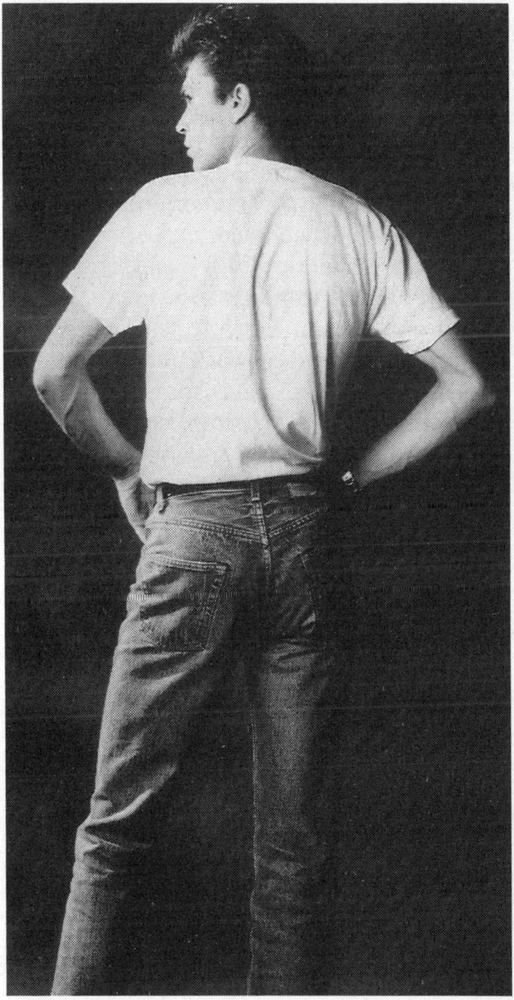

501. Aber die 501 ist in Mode, und für Mode muß man immer bezahlen. Außerdem war ich dort, wo die 501 hergestellt wird, in La Bassee in Frankreich, und hab' gesehen, was für eine Arbeit nötig ist, um eine 501 in die Versandschachtel zu bringen. Da müssen die Näherinnen ziemlich ranklotzen. Sechsundvierzig verschiedene Teile und fünfunddreißig unterschiedliche Nähverfahren kommen da zum Einsatz. Man kann sagen, die 501 wird eigentlich noch mit der Hand gemacht.

Ich hab' mal die Fakten zusammengekramt, mir den Aufwand erklären lassen, der für die Herstellung der 501 gemacht wird.

Fangen wir beim Material an. 14½ Unzen XX Denim sagt der Fachmann dazu, fester Baumwollköper also, natürlich indigogefärbt wie einst zu Levi's Zeiten. Der Stoff wird von derselben Spinnerei gewebt wie vor einem Jahrhundert. Die Jungs haben also Erfahrung. Prüfen den Stoff bei künstlichem Tageslicht auf seine Farbkonsistenz, daran schließen sich eine Reihe strenger Tests, die von der US-Armee erfunden wurden. Ausgerechnet. Aber eines muß man den Jungs in der Uniform ja lassen – ihre Klamotten landen so schnell nicht auf dem Müll. Da gibt's 'ne Maschine, die malträtiert den Stoff an einem Nachmittag so sehr wie ein Jeansträger in mehreren Jahren. Die reißt und schleudert den Denim und

prüft den Verschleiß der Säume. Aber damit nicht genug. Der Stoff wandert dann nämlich in 'ne besondere Waschmaschine und wird dreimal gewaschen, von wegen Einlaufen und Abreiben der Farbe. Fällt der Stoff bei einem dieser harten Tests durch, kommt er für Levi's nicht mehr in Frage.
Auch das andere Material ist nicht ohne. Insgesamt sechs Garnsorten werden für eine Levi's gebraucht, jede einzelne muß ein Dutzend Einzeltests überstehen. Die Knöpfe werden an ein Stück Stoff genäht und fünfzehnmal in einer Waschtrommel gemartert. Wenn sie halten, ist alles okay. Die Nieten werden von L.S. & Co., S.F. gestempelt, damit auch klar ist, daß es sich hier um verkupferten Stahl handelt.
Aber Nieten allein halten eine 501 nicht zusammen. Stabile Nähte sind gefragt, nicht diese Amateurstiche wie an normalen Warenhaushosen. Doppelstiche an den Innensäumen, Kettenstiche am Hüftsaum, damit nichts in die Binsen geht. Und an die Stellen, wo man sich dehnt und streckt, kommt noch 'ne Quernaht hin, 42 Stiche auf den halben Zoll, verstärkt natürlich.
Nach dem letzten Arbeitsgang wird jede einzelne 501 geprüft und in Bündeln von sechzig Stück zusammengefaßt. Fünf Paar eines jeden Bündels werden noch mal mißtrauisch beäugt. Weil man sicher sein will, nur erstklassige Ware in die Läden zu las-

sen. Getreu dem hauseigenen Wahlspruch »Quality Never Goes out of Style« – »Qualität kommt niemals aus der Mode«. Oder: »Old Jeans Never Die – They Just Fade Away.« Zu deutsch: »Alte Jeans sterben nie, die bleichen nur aus.«

Protest in blauen Hosen

Eine Levi's gehört auf die Weide, aufs Feld oder in die Fabrik. Dieser Meinung war man bis zum Beginn der fünfziger Jahre, obwohl die Soldaten im Zweiten Weltkrieg nicht nur Coca-Cola, sondern auch Levi's Bluejeans nach Europa exportiert hatten, und dort vor allem Jugendliche begannen, sich für die blauen Beinkleider zu begeistern. In Amerika war das Ding 'ne Arbeitshose. Cowboys, Bergleute, Farmer, Fabrikarbeiter trugen sie. Ein guter Bürger zog so was nicht an. Der liebe Sohn oder die liebe Tochter auch nicht. Schmuddelhosen kamen nicht in Frage.

Bis zu jenem denkwürdigen Tag, als James Byron Dean zum ersten Mal auf der Leinwand erschien, in der 501 nämlich, und ausgeflippte Typen wie Norman Mailer und Marlon Brando im blauen Denim auf den vornehmen Hollywood-Parties erschienen. Auf einmal war Protest angesagt. Jimmy Dean, das war doch einer, mit dem man sich identifizieren konnte. Das war ein Junge wie du und ich, einer, der nur ein bißchen Freiheit und Unabhängigkeit wollte. Der sich nicht den ganzen Tag dieses Geschmus von den Eltern anhören wollte, der Werte und Traditionen anzweifelte und einfach rauswollte aus dem ganzen Bürgerscheiß. Ein intelligenter und fantasievoller

Bursche, ein lässiger Typ in Levi's und weißem T-Shirt, der seine Rebellion, seinen Protest auch durch die Kleidung deutlich machte. Der seine 501 wie ein Schild vor sich hertrug. »Ich will anders sein«, stand da drauf, »ich will mein Leben leben, so wie ich es will, und nicht, wie es in Anywhere, USA, halt so üblich ist.«
James Dean wurde zum Kultobjekt und mit ihm die 501. Erst recht nach seinem Tod, der ihn am 30. September 1955 auch noch zur tragischen Figur machte. Er wurde zum Idol, beinahe zum Gott, und die 501 zur Uniform einer neuen Jugend, die sich nicht mehr herumschubsen ließ. Zum Symbol eines Protestes, der von Elvis musikalisch vorgetragen wurde und in Marlon Brando eine neue Gallionsfigur bekam.
Und dann die sechziger Jahre, yeah, yeah, yeah. Da ging es mit dem Protest ja erst richtig los. Die Eltern und die Lehrer hatte man in den Fünfzigern ziemlich kleingekriegt, aber das war nicht genug. Jetzt ging man auf die Politiker los. Auf alles, was nach Unrecht und Unterdrückung roch. Man protestierte gegen den Krieg, gegen den Mißbrauch der Bürgerrechte, man sonderte sich von der Gesellschaft ab, stieg aus und wurde zum Hippie, man ging nach Woodstock und anderswohin und verinnerlichte die Protestsongs einer Joan Baez oder eines Bob Dylan. Mit anderen Worten:

Man ließ sich nichts mehr gefallen, von keinem, und man trug Jeans. Die 501 natürlich. Die Uniform der neuen Jugend, wie gleich wieder einige lästerten, und doch der Ausdruck eines Individualismus, eines Freiheitswillens, wie man ihn zuvor noch nicht gekannt hatte. In der 501, da konntest du dir alles erlauben, und genau das wollte man ja. Endlich Schluß machen mit den Normen, die irgendwelche großen Tiere erfanden.

James Dean, Marlon Brando, aber auch Marylin Monroe und Sechziger wie Bob Dylan und Country Joe McDonald und die beiden Typen aus »Easy Rider« – sie alle trugen Jeans und tun es heute noch. Machten die 501 zu einer Hose für jedermann und lachen sich wahrscheinlich krank darüber, daß die einstige Rebellenhose heute auch von angepaßten Yuppies und Bürotypen getragen wird. Aber zum Termin beim Chef oder zur Geburtstagsfeier des Abteilungsleiters, da kreuzen sie immer noch im Anzug mit Weste auf. Siehste, und das ist der Unterschied. Entweder, du bist für die 501 geboren wie Brando und Dean, lebst praktisch in ihr, oder du ziehst sie dir nur an, um im Trend zu liegen. Nun ja, ich will nicht zu streng sein. Ist ja immerhin ein Fortschritt.

WASCHSALON

Nick betritt den Waschsalon und macht mächtigen Eindruck – sogar auf den Kleinen mit der roten Mütze.

Im Spiegel sieht er zwei Teena seine Kragenweite, da ist er Be

Denn jetzt kommt auch die Hose dran! Rein mit der 501 in die Waschtrommel …

cht unbedingt
gewöhnt.

Die beiden schauen ziemlich belämmert, als er sein T-Shirt vom Körper pellt – na, dann paßt mal auf!

... aber was soll er machen? Er hat nun mal nur eine 501.

Und die Story geht weiter...

Nick spürte die Blicke der anderen kaum. Den albernen Kerl mit der Nickelbrille, der seine Hemden zusammenlegte, hatte er noch nie gesehen, und die Zwillinge mit den roten Mützen waren von der entsetzten Mutter in den Kombi gedrängt worden. Blieb noch die Alte in der Ecke, die heute nacht bestimmt von seinem athletischen Körper träumen würde, und der feiste Kerl neben ihm. Er kannte ihn, das war Oskar, der Gemüseverkäufer. Arbeitete im Safeway unten an der Main Street. Komisch, daß sich der Kerl nicht an ihn erinnerte, oder tat er nur so? Nun ja, und die kichernden Teenager rechts neben ihm. Nicht gerade von dem Niveau, das sich gewöhnlich in seinem Bett breitmachte. Hatten wohl noch nie 'n halbnackten Kerl gesehen? Na, ihm sollte es egal sein. Er hatte nur diese eine Jeans, und die wollte er unbedingt auf die Party anziehen. Domingo hatte eingeladen, der Italiener aus seiner Klasse. Ein kerniger Typ, wenn man einmal davon absah, daß er im Sport 'ne absolute Flasche war. Aber dafür verstand er was von Musik, und Nick hätte sonst was dafür gegeben, wenn er so singen könnte. Opernarien, Operetten, Rock 'n' Roll... Der Kerl sang alles, was mit Noten zu Papier gebracht werden konnte. Und das war auch der Anlaß, warum heute abend die Party steigen sollte. Domingo hatte eine Band gegründet, eine richtige Band, und auf der Party sollte das erste Konzert steigen. »Du kommst doch zu meiner Party?« hatte er noch heute morgen am Telefon gesagt, »ich hab' ein paar dufte Mädchen aus der Nachbarschaft eingeladen. Letzte Woche sind vier neue Girls hergezogen, und sie haben fest versprochen, heute abend zu erscheinen.«

Nick hatte natürlich zugesagt. Er hatte gerade keine feste Freundin und war neugierig auf die Mädchen. Wenn er frisch gekämmt und in schwarzem T-Shirt und seiner Levi's auftauchte, konnten ihm die Girls nicht widerstehen, da war er ganz sicher. Er wußte ja, daß er gut aussah und bei den Mädchen ankam, wenn er sich auch nicht viel darauf einbildete. Er wußte genau, daß man auch was im Kopf haben mußte, wenn man auf Dauer bei einem heißen Girl landen wollte.

Die Waschtrommel hörte auf, sich zu drehen, und Nick holte seine Jeans aus der Maschine. Er wrang sie aus und brachte sie zu einem der großen Trockner hinüber. Dann setzte er sich wieder zwischen den Gemüseverkäufer und die Mädchen. Er schlug den Krimi auf, den er mitgebracht hatte, und begann zu lesen. Er war so in seine Lektüre vertieft, daß er gar nicht merkte, wie die beiden Teenager neben

ihm aufstanden und ihre Wäsche aus dem Trockner holten. Und er merkte auch nicht, wie die beiden einen schelmischen Blick wechselten und dann seine Hose aus dem Trockner zogen. Sie versteckten die 501 zwischen ihren eigenen Klamotten und verließen kichernd den Waschsalon.
Erst eine halbe Stunde später merkte Nick, daß mit den Mädchen auch seine Levi's verschwunden war. Er fluchte wie ein Kesselflicker, rannte in seinen Boxershorts auf die Straße, aber von den Mädchen war natürlich nichts mehr zu sehen.
Na, zumindest hatten sie ihm das T-Shirt gelassen. Er zog es über und machte, daß er draußen in seinem Chevy verschwand. Blieb nur zu hoffen, daß ihn heute die Polizei nicht stoppte. Wäre sicher höllisch schwer, den Cops zu erklären, warum er ohne Hosen durch die Gegend fuhr. Aber er hatte Glück. Sogar auf dem Weg zu seiner Wohnung wurde er nur von einem spielenden Kind gesehen, und das grinste nur still in sich hinein.
Als es Zeit wurde, zur Party zu gehen, holte Nick mißmutig seine weiße Baumwollhose aus dem Schrank. Damit sah er zwar auch noch ganz cool aus, aber an seine Levi's kam der Zwirn natürlich nicht heran. Wenn er bloß gewußt hätte, wo die verdammten Kichererbsen abgeblieben waren. Egal. Er mußte seine Levi's auf Verlust buchen und

sich eben morgen eine neue kaufen. Wenn nur nicht heute abend diese Party steigen würde...

Um acht fuhr Nick die paar Kilometer zu Domingo. Der Italiener wohnte in einem großen Block, und man hörte schon von unten die Musik aus dem Fenster plärren. Klang nicht mal übel. Wenn das die neue Band war, konnte sie sich durchaus hören lassen. Vielleicht wurde es ja doch kein so schlechter Abend. Die Mädchen wußten ja nicht, daß er nur in seiner Levi's unschlagbar war, die akzeptierten vielleicht auch die Baumwolle.

Die Haustür stand offen, und Nick marschierte mit seinem strahlendsten Lächeln in Domingos Wohnung hinein. Er winkte der Band zu und umarmte den Italiener herzlich, als die Gruppe eine Pause einlegte. »Hi, Domingo! Klingt ja toll!«

Domingo strahlte, wie nur ein Italiener strahlen kann. »Hi. Meinst du wirklich? Ich finde ja auch... aber, he, ich will dir erst mal die beiden Mädchen vorstellen, die letzten Monat unter uns eingezogen sind...«

Er zog zwei Teenager aus dem Getümmel auf der Tanzfläche, und dann stand Nick den beiden Kichererbsen aus dem Waschsalon gegenüber. »Huch!« meinte die eine. »Um Gottes willen!« erschrak die andere. »Da ist er ja schon!«

Nick reagierte so schnell wie letzte Woche beim Football. Er schnappte sich die beiden Mädchen, zog ihnen mit geübtem Griff die Röcke vom Leib und ließ sie in Bluse und Unterrock mit Köpfen wie überreife Tomaten auf der Tanzfläche stehen. »Wo seid ihr mit meiner Levi's hin?« fragte er und konnte den beiden schon nicht mehr böse sein.
»Die hängt im Bad«, sagte die eine schüchtern. »Wir wußten doch, daß du heute kommst. Domingo hat uns ein Bild von dir gezeigt und gesagt, daß wir dich unbedingt kennenlernen müßten.«
»Das hat er getan?«
Das Mädchen nickte. »Und als wir dich dann im Waschsalon sahen, wollten wir dir halt einen Streich spielen ...«
Nick verschwand wortlos mitsamt der Röcke im Bad. Er nahm seine geliebte Levi's vom Wäscheständer und vertauschte sie gegen die weiße Baumwollhose. Er streichelte liebevoll über den blauen Denim und kehrte ins Wohnzimmer zurück. Die Mädchen standen immer noch in Unterrock und Bluse da, umgeben von kichernden Mädchen und grinsenden Jungen.
Nick warf ihnen die Röcke zu. »Wollen wir tanzen?«
»Alle drei?«
»Warum denn nicht?« meinte Nick, und dann tanzte er mit den Mädchen bis in den frühen Morgen hinein.

Levi Strauss – nach dem Zweiten Weltkrieg

Während des Zweiten Weltkriegs wurden nicht nur Bomben und Kanonen und Lucky Strike, Kaugummi und Coca-Cola nach Europa exportiert, sondern auch Levi's blaue Jeans. Und als dann auch noch James Dean und Marlon Brando auf deutschen Kinoleinwänden erschienen, war ihr Siegeszug in der Alten Welt nicht mehr aufzuhalten. Immer mehr junge Europäer fragten nach den Levishosen aus Amerika, bis sich die Firma endlich entschloß, nach Europa zu expandieren.

Nach dem Krieg: Schlangen vor den Jeans-Shops

Zögernd zuerst. In den frühen sechziger Jahren wurden die ersten Levi's nach Europa exportiert und von unabhängigen Vertriebsorganisationen unter die Leute gebracht. Zehn Jahre lang experimentierte man, aber 1971 konnte man mit Fug und Recht behaupten, auch in Europa etabliert zu sein. Jetzt kümmerte man sich bei Levi Strauss International um die Belange in der Alten Welt, und in zahlreichen europäischen Ländern wurden Büros eröffnet und Fabriken angekauft. Die Zentrale wurde nach Brüssel verlegt, wo heute noch die Richtlinien für Verkauf und Marketing festgelegt werden. Natürlich gab es zahlreiche Rückschläge, weil man anfangs nicht mit dem rapiden Wachstum rechnete, oder in den achtziger Jahren, als man die AG wieder aufgab und die Verkaufszahlen in den Keller fielen. Aber heute steht man besser da als je zuvor, und das vor allem in Europa. Weil dort ein Mann wie Bob Rockey am Ruder sitzt, der ein Feeling für die europäischen Interessen entwickelt hat und auch ein bißchen schuld daran ist, daß man mit den legendären Videos eine Revolution entfachte und einen ganz neuen Markt eroberte. Nicht umsonst war 1986 eines der besten Jahre in der langen Levi's-Geschichte.

Flirt mit dem Obergaul – in Jeans natürlich

Nicht immer hatte man ein glückliches Händchen bei der Firma. Das mit den WHITE LEVI'S in den sechziger Jahren mochte

A TURQUOISE "GRIZZLY" SLIM — A PLUM GABARDINE CLASSIC
TWO PROVEN WESTERN FAVORITES IN
Levi's
CALIFORNIA
ranch pants
SEE PAGES 14 & 16 FOR THE 17 COLORS AVAILABLE IN ALL THE WARM WESTERN TONES

ja noch angehen, die paßten zum Beach-Boys-Feeling und gaukelten dir was von California und Surfing USA vor, aber mit den Einheitshosen Marke STA-PREST war das schon so eine Sache. Sicher, die Erfindung eines bügelfreien Stoffes war revolutionär und wurde 1964 als technologischer Durchbruch gefeiert, aber dafür sahen die Dinger auch furchtbar aus, wie im Ramschladen auf dem Krabbeltisch, wenn man auch einräumen muß, daß die Amis geschmacklich ein bißchen anders geartet sind. Da tauchten plötzlich bunte Cordhosen und Jacken und alle möglichen Accessoires auf, und die Brown Shoe Company durfte sogar lizensierte Levi's-Schuhe auf den Markt bringen.

Neu: der Mantel für den Rodeo-Fan

Erst in den achtziger Jahren kehrte man wieder zu den Basics zurück. Zur Jeans nämlich, zur 501. Jetzt beschwor man die Legende und hatte riesigen Erfolg damit. Aus der alten Klamotte wurde ein Modehit, den auch Designer trugen.
Heute ist Levi's der größte Bekleidungshersteller der Welt. In 39 Fabriken und Vertriebsstätten in den USA und 40 Vertretungen in anderen Ländern werden runde sechs Milliarden Dollar Umsatz erwirtschaftet. In den USA und fünfzig anderen Ländern der Erde, sogar in der UdSSR und in Ungarn. Nicht schlecht für eine Firma, die vor 134 Jahren von einem unternehmungslustigen Franken mit einem Ballen Segeltuch gegründet wurde.

Fragen an Levi's (1)

Wolfgang Busch, Marketing-Manager der Levi's Group, über die legendäre 501, Verkaufsstrategien und die Geschichte der Jeans in deutschen Landen

Im deutschsprachigen Raum muß man doch sicher andere Wege gehen, um die Nietenhosen an den Mann (bzw. die Frau) zu bringen?

Auf jeden Fall müssen Jeans anders verkauft werden, weil die kulturellen Gegebenheiten anders sind und auch die Geschichte der Jeans eine andere ist.
Die Jeans kamen nach dem Krieg mit den GIs nach Deutschland. Ich kann mich noch gut daran erinnern, wie meine Mutter sagte, mit so einer Hose kommst du bei mir nicht rein. Das war in Amerika damals schon ganz anders. Dort wurden die Jeans bereits in den dreißiger Jahren hoffähig, als die Oststaatler im Westen auf sogenannten Dude Ranches ihren Urlaub verbrachten und die blauen Hosen als Souvenir nach Hause mitnahmen. Ein Kult wurde dadurch nicht ausgelöst, in den USA die Jeans vorerst immer nur 'ne Hose. Nicht so wie in Europa, wo sie gleich zum Kultobjekt wurde.
Dann ging es weiter mit den Leitbildern des

American Way of Life, mit James Dean und Marlon Brando, der zur Oscar-Verleihung aus Protest in einer 501 erschien. Der amerikanische Way of Life der fünfziger und frühen sechziger Jahre führte bei uns zu einer eigenen Jeans-Kultur, die auch neue Vertriebswege eröffnete. In Frankreich wurden Jeans in Boutiquen verkauft, da lief es schon immer in Richtung Mode. In Deutschland entstanden die Jeansfachläden mit den Holzklapptüren, waren also vom klassischen Handel, dem Bekleidungshaus, ausgeklammert. Dann kamen die späten sechziger und frühen siebziger Jahre, das war so ziemlich die einzige Zeit, da die Jeans weltweit gleich beworben werden konnten, weil es eben eine Weltjugendbewegung gab.

Tja, und dann in den ‚achtzigern' wurde die Jeans auch bei uns zu einer normalen Hose. Einer Hose, die bequem ist und nicht kaputtgeht, aber keine besondere Mode mehr darstellt. Bis wir in Europa angefangen haben, die 501 wieder einzuführen. Wir hatten es dabei nicht so leicht. Die Amerikaner hatten kein Verständnis, daß wir eine eigenständige Werbekampagne brauchten. Amerikaner sehen Europa ja meist nur als ein Land und kennen wenig die Mentalitäts-Unterschiede zwischen USA und unseren einzelnen Ländern. Außerdem waren sie der Meinung, wir könnten die amerikanische Werbung – quasi für einen Dollar – transferieren und müßten nicht noch mal Millionen dafür ausgeben. Das zu begründen, war sehr schwer und ist auch ein Verdienst unseres Europa-Chefs Bob Rockey. Er bestimmte eine neue Richtung, die den verlorengegangenen Mythos erneut beschwor. James Dean, Marlon Brando und all die anderen Dinge, die uns heute an die fünfziger Jahre erinnern. Dieses Konzept hat funktioniert.

Irgendwie ist es ja ein Phänomen, daß antiamerikanische Strömungen und Proteste, wie z. B. gegen den Vietnamkrieg, der Jeans nichts anhaben konnten

Das ist wahr, wenn man sich zum Beispiel vorstellt, daß auch die Studenten, die das Amerika-Haus in Berlin mit Steinen bewarfen, Jeans trugen. Die Jeans symbolisierten aber schon immer das gute Amerika. Das spielt auch in unserer Werbung eine Rolle. Ein Italo-Typ wie Nick Camen, die Musik der fünfziger und sechziger Jahre, das Woodstock-Festival, das gute Amerika eben. Die guten Seiten des American Way of Life. Deshalb haben wir in der Werbung auch ganz bewußt die amerikanischen Ausdrücke benutzt. Zum Beispiel Buttonfly... oder shrink-to-fit. Wer versteht schon Knopfleiste bei uns? Das macht die Werbung nicht nur interessanter, sondern gehört einfach dazu und macht die Hose wieder zu dem, was sie tatsächlich einmal war: mehr als ein Bekleidungsstück, ein Kultobjekt, mit dem man etwas darstellt, mit dem man seine Individualität beweist. Womit man zeigt, was der Kern der eigenen Persönlichkeit ist. Die Hose wird zum Ausdrucksmittel.

Da sind Parallelen zu Marlboro *zu erkennen. Glauben Sie, die fünfziger Jahre sind zu einer Traumwelt geworden und stellen für die heutige Jugend keine Realität mehr dar?*

Ich habe schon immer gesagt, Marlboro machte früher die beste Levi's-Werbung, die es überhaupt gab. Deshalb wurde es auch so schwer, sich dagegen abzugrenzen. Da sind natürlich auch Angebote gekommen, man wollte etwas zusammen machen. Aber die Levi's-Marke ist so eigenständig, die kann durch eine zusätzliche Facette nur kaputtgehen.
Die fünfziger Jahre bedeuten für die heutige Jugend noch die heile Welt. Sie wollen ein bißchen was von dem, was ihre Eltern damals gefühlt haben, nachempfinden, obwohl sie heute ganz andere Probleme haben. Dabei war das damals ja gar keine heile Welt. Aber die Musik von damals

spricht sie heute wieder an, auch die Farben und Formen, die sehr weichen romantischen, fast kitschigen Farben. Es kommt alles zusammen. Musik, Lebenseinstellung und ein bißchen Sehnsucht nach dem Alten. Diese Einstellungen haben wir für unsere Werbekampagne ausgenutzt und damit wieder eine sehr eigenständige Levi's Markenwelt aufgebaut.

Obwohl so ziemlich jeder Cowboy heute in Jeans rumläuft, verzichtet Levi's vollkommen auf das Cowboy-Image in der Werbung

Im Grunde war die Levi's ja eine aus Zufall entstandene Arbeitshose, die vor allem praktisch sein sollte, gerade die 501. Aber der wirkliche Erfolg der Company, daß sie multinational wurde, ist ja vor allem den GIs zu verdanken, welche die Jeans und damit auch den American Way of Life in alle Welt exportierten. Die Jeans stehen für diesen Way of Life, und es wäre sehr gefährlich, sie bewußt wieder zur Arbeitshose zu machen. Natürlich trägt heute jeder Handwerker eine Jeans. Die haben einen bestimmten Markt und reagieren nicht auf Mode und Kultur. Daß wir jetzt mit der 501 ein weltweiter Modeerfolg geworden sind, ist sicherlich unserem Marketing zu verdanken. Man hat hingehört und aufgepaßt, was sich vor allem kulturell so tut – man hat Zeitgeist eingeatmet.

Kann man denn noch was bewegen im Absatzmarkt?

Mit neuen Schnitten und neuen Waschausfällen und Stoffveredelungen geht das immer noch, wenn man es richtig anfängt. Zum Beispiel dieser Japaner, der es innerhalb von wenigen Jahren geschafft hat, an die Yuppies ranzukommen, und das fast ohne Werbung. Mit dem richtigen Produkt kann man immer noch was bewegen. Wir haben auch versucht, modisch zu sein, als es Anfang der achtziger Jahre mit den Jeans mal bergab ging und jeder sagte, mein Opa trägt sie, was soll ich damit. Das ist doch eine stinknormale Hose, die trag' ich in die Schule, aber abends in die Disco zieh' ich was anderes an. Da haben auch wir versucht, diese Bewegung mitzumachen, mußten aber erkennen, daß ein Unternehmen von unserer Größe die Modezyklen von drei, vier Monaten nicht mitmachen kann. Zum anderen wurde uns klar, daß der Name Levi's fest mit Blue Denim, mit Bluejeans verbunden war. Da kann man ein T-Shirt oder ein Sweatshirt zu liefern, aber alles andere macht die Marke kaputt. Da besannen wir uns auf unser Kapital und es hieß: Zurück zu unseren Wurzeln, zurück zur Basis. Wir haben drei Lines aufgebaut, die alle Ansprüche der Käufer befriedigen, und dieses Rezept ist, zusammen mit der 501-Werbung, so gut aufgegangen, daß es uns jetzt so gut geht wie in den siebziger Jahren.

Wird denn dieses breite Angebot vom Verkäufer auch als solches erkannt?

Wir verfolgen in Deutschland ein anderes Konzept. Wenn der Händler nicht bereit ist, dem Kunden die gesamte Levi's-Palette anzubieten, sonst verzichten wir auf ihn. Man kann ja auch bei Jil Sander kein Kleid kaufen, sondern nur eine ganze Kollektion.
Wir geben dem Händler aber eine Hilfe, differenzieren die Jeans mit optischen Mitteln und liefern Bilder und Poster, und wer da mitmacht, bekommt kostenlosen Zusatzservice. Wir stellen ihm alle drei Monate eine neue Dekoration ins Fenster, liefern eine Zeitung, schulen die Verkäufer, usw. Früher war es doch so: Da kam ein Mann in den Laden und sagte, ich möchte gern 'ne Levi's, aber ich bin schon fünfunddreißig. Und der Händler antwortete: Levi's paßt nicht mehr. Dieses Problem mußten wir überwinden, und wir haben es getan, indem wir die Geschäftsbedingungen geändert haben. Jetzt muß jeder unserer Kunden die

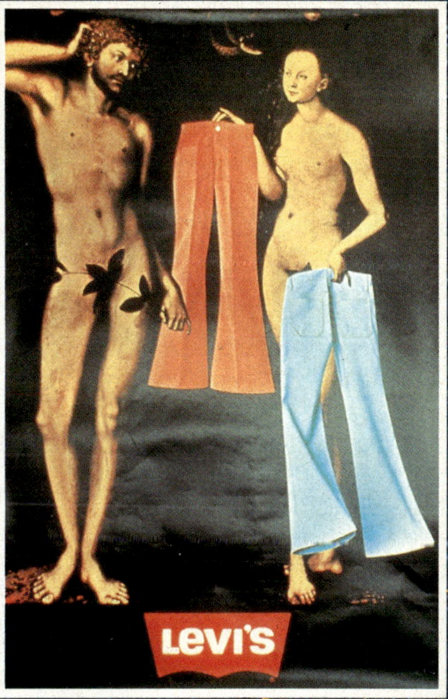

Mit Volldampf ins Ziel – in der Werbung war Levi's im Jahre 1973 ganz vorn. »Klassische Kunst« hieß die Kampapne, welche die Gemüter gleichermaßen erhitzte und begeisterte. Von den Jungs und Mädels in der Sixitinischen Kapelle bis zur Mona Lisa – alles trug plötzlich Jeans.

Das Original. Heute und in
© Levi Strauss & Co. 1985

er.
Levi's
Die oder keine.

Junge Leute tragen die Silver Tab – die paßt auch zum Miami Vice Look.

Ein bunter Hintern kann auch entzücken – ein kostbares Stück aus der »Levi's Pop–Jeans Gallery«

Auch nicht übel, die Jacke aus den Top 20 der Levi's »Pop–Jeans Gallery«

»Gut beschützt ist halb gewonnen« oder »Ein dicker Jeans–Bauch kann auch entzücken«

Die legendäre 501 – die supergeilen Commercials brachten der Hose ein legendäres Comeback.

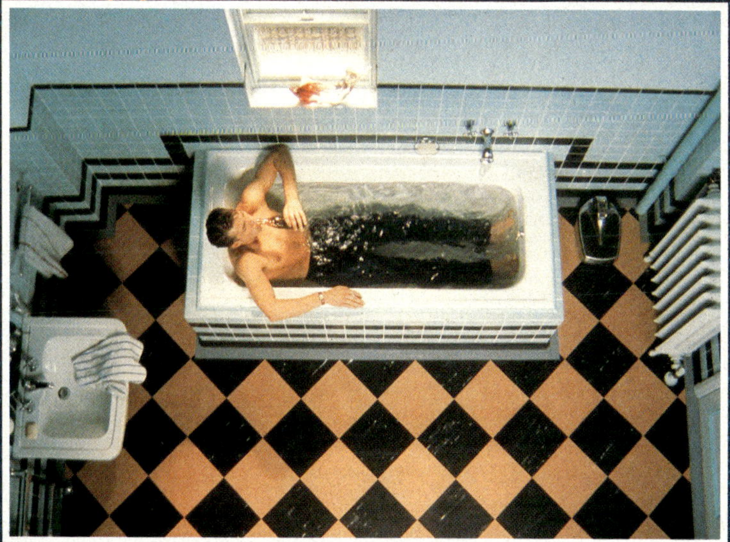

Der echte 501–Freak steigt mit seiner neuen Jeans in die Wanne – damit sie besser sitzt.

»Qualität kommt niemals aus der Mode« – einer der besten Werbesprüche von Levi's. Bester Beweis: die jeans-behosten Hintern der Woodstock Generation. Sogar die Studenten, die für den Frieden in Vietnam auf die Barrikaden gingen, zogen sich 'ne (amerikanische) Levi's an.

3 Grundfits im Markt führen. Nur so ist der Händler in der Lage Levi's-Kunden wirklich zu bedienen. Dies wurde vom Kartellamt geprüft und auch genehmigt. Und das hat uns einen riesigen Schritt nach vorn gebracht.
Aber es ist richtig, die Breite des Angebots muß dem Kunden auch verdeutlicht werden, und das kann nur durch den Handel geschehen. Beim Verkaufsgespräch, aber auch durch Aufsteller und Poster. Viele glauben nicht, daß so ein dummes Poster mehr Absatz bringt, aber es ist tatsächlich so. Der Kunde steht in der Umkleidekabine und sieht, he, da gibt es ja noch andere Jeans, die Verkäuferin hat mir die falsche gegeben. Dann geht der Kunde auf die Verkäuferin zu. Oder die Verkäuferin weist ihn auf die anderen Jeans hin. Wir haben da wirklich was in Gang gebracht. Andere Firmen haben unsere Idee bereits kopiert, und auch die Amerikaner interessieren sich dafür.

Die 501 ist die bestverkaufte Levi's in Frankreich, Belgien und vielen anderen Ländern. Auch bei uns, oder hinkt sie hinterher?

Nein, sie hinkt nicht hinterher. Wir sind das Land, das die drei Lines am konsequentesten aufgebaut hat, um die Marktabdek-

kung zu erreichen. Es ist ein deutsches Konzept. Die anderen europäischen Länder haben ganz andere Ausgangspunkte. England hat zum Beispiel voll auf die 501 gesetzt. Dabei habe ich immer wieder gesagt, wie schnell ist eine Hose in, wie schnell ist sie aber auch wieder out.
Wir sind da anders vorgegangen. Wir haben gesagt, die Basisline darf durch die neuen Lines nicht kannibalisiert werden, wie wir das nennen. Natürlich wird sie angeknabbert, mit der Zeit jedenfalls, weil es sich ja um ältere Produkte handelt. Also brauchten wir auch dort Motivationen, überarbeiten ständig unsere Basis-Line, erhöhen die Qualitäten und bringen neue Paßformen. Wir haben die 501 an die Spitze gesetzt; im ersten Jahr für die Trendsetter, im zweiten für die Early Adopters und setzen dazwischen die Young Generation Denim als Zwischenline, auch preislich gesehen. Das haben wir erfolgreich getan, und jetzt versuchen wir, die drei Lines zu optimieren. Jährlich haben wir einen Zuwachs von mehreren hunderttausend Stück. Aber die 501 ist bei uns vom Lebenszyklus der Mode her noch sehr jung, daß heißt, wir haben auch da noch große Chancen, zuzulegen. Anfangs haben uns die Amerikaner überhaupt nicht verstanden. Bei uns war die 501 kaum gefragt. Ich selber mochte sie, hab' sie zum Bergsteigen und in der Freizeit

getragen. Ist wirklich eine bequeme Hose. Ich hab' nie verstanden, warum die bei uns niemand haben wollte. In Frankreich dagegen gab es nur die 501. In Deutschland hat niemand die 501 gekauft, nur Insider, die international unterwegs waren und sie aus Amerika mitbrachten. Udo Jürgens oder der Designer Joop zum Beispiel. Wir haben dann probiert, über diese exklusive Clique auch andere zu erreichen, hatten aber bei der Jugend den größten Erfolg. Aber Leute, die tagsüber eine ORANGE TAB tragen und abends eine 501 aus dem Schrank ziehen, gibt es kaum. Die verschiedenen Lines schließen sich vom Typ des Verbrauchers her aus. Ein junger Mann, der jetzt eine 501 trägt, aufgeladen durch die Werbung, der trägt keine andere Hose mehr. Eine junge Frau, die greift vielleicht noch zu 'ner engen Body Profile oder 'ner Röhre... Überhaupt, die Frauen, die sind noch ein riesiger Markt.

Warum gibt es eigentlich keine langen Jakken von Levi's?

Früher hatten wir verschiedene Kollektionen. Wir mußten aber feststellen, daß zu den klassischen Jeans auch Jacken im klassischen Stil am besten passen. Die kurze Jacke ist nun eben mal die klassische, des-

halb führen wir nur die. Wir sind als Massenhersteller nicht daran interessiert, tausend Stück zu verkaufen, es müssen schon fünfzigtausend rauskommen. Auf diese Weise gehen wir, zugegebenermaßen, manchmal an Märkten vorbei, die wir nicht bedienen können oder wollen.
Nehmen wir als Beispiel mal Moonwash. Wir haben diese Mode nicht mitgemacht, weil das Verfahren nicht unseren Qualitätsmaßstäben entspricht. Wir wissen, daß da viel Chemie drin ist. Wir haben uns also ein Jahr Zeit gelassen, um eine sehr viel cleanere und bessere Hose herzustellen, die Klondyke. Diese Mühe muß ein großer Anbieter einfach auf sich nehmen.

Wie kam es zu der Bezeichnung Klondyke?

Klondyke bezieht sich erst einmal auf die Reinheit des Produktes. Wir konnten als Marktführer nicht an die Öffentlichkeit treten und sagen, andere chemisch behandelte Jeans verursachen Hautausschlag, die fallen nach vierzehn Tagen von den Beinen runter. Wir weisen nur mit dem Bild des Klondyke River darauf hin. Der Name hat ja einen gewissen Klang, hat mit Reinheit und unberührter Natur zu tun. So eine Assoziation kommt relativ schnell bei den jungen Leuten an. Auch ein bißchen Abenteuer, aber nur ganz schwach, nicht so stark

wie bei Marlboro. Soll ja auch eine kurzfristige Antwort sein. Wer weiß, was in drei Jahren ist.
Und dann der Gag mit dem Ypsilon. Klondyke kann man ja auch mit i schreiben, aber wir haben ganz bewußt das y genommen. Der Name wurde hier in Deutschland geboren, und wir haben ihn erst mal im Büro getestet. Alle fanden das y schöner. Spätere Marktuntersuchungen haben das bestätigt. Die Klondyke wurde in Deutschland eingeführt, ich nehme an, daß sich die Amerikaner irgendwann dranhängen. Das zeigt die Offenheit unseres Konzerns. Die Amerikaner fliegen zu uns rüber, bleiben drei Tage hier, schauen sich unsere Präsentation an und sagen, das gefällt uns, das übernehmen wir. Das findet man in anderen amerikanischen Companies selten. Anfangs waren die Amerikaner ja zum Beispiel auch gegen unsere Werbefilme. Nur die Führungskräfte, die längere Zeit in Europa gelebt haben, waren dafür. Sie haben dann gesagt, okay, die Sache läuft.

Kunst, die in die Hose ging

Die Amis waren entsetzt. Standen fassungslos vor einem Plakatentwurf der Europäer, der einen nackten Mädchen-Popo mit aufgemalter Levistasche zeigte. »Disgusting!« empörte man sich öffentlich, bis man sich den liberalen Europäern beugte und das amüsierte Lächeln aus der Besenkammer holte. Was in den USA die Kirche und die Frauenvereine und sämtliche Puritaner zwischen Boston und L. A. auf den Plan gerufen hätte, brachte die aufgeklärten Europäer zum Schmunzeln und ging sogar als Kunst durch. Immerhin hängt das Original heute als Beispiel für künstlerische Werbung im holländischen Rijksmuseum.

Der berühmte Levi's Popo – anstößig?

Ähnliches widerfuhr einer Levi's-Kampagne, die unter der Schlagzeile »Klassische Kunst« für die blaue Hose warb. Sehr zur Freude des Publikums, aber auch zum Entsetzen allzu ernsthafter Kunstliebhaber wurde da alles mit Jeans behost, was in der Kunst so Rang und Namen hat. Mona Lisa lächelte plötzlich blaubehost von der Leinwand, und auch die strammen Körper der Venus von Milo und des schönen Apollo von Belvedere wurden in Levi's gesteckt.

Kunst, die in die Hose ging

Ob Picasso sich Jeans zum Malen anzog? Keine Ahnung, aber Roy Liechtenstein und Andy Warhol ganz sicher. Weil Kunst und Allzweckhose sich nicht unbedingt aus-

schließen. Nicht nur in der Werbung. Auch die Hose selber wurde zum Kunstobjekt, besonders zur Flower-Power-Ära in Kalifornien, als man sich die Blumen nicht nur ins Haar steckte, sondern auch auf die Jeans nähte. Blumen und Sonnenuntergänge und was weiß ich alles. Levi's veranstaltete sogar mal einen Wettbewerb und faßte die affenmäßigsten Stücke in der Levi's Pop Gallery zusammen. Echt geil, was da so alles auf Jacke und Hose genäht wurde.
Womit wohl bewiesen wäre, daß Kunst nicht unbedingt in die Hose gehen muß, wenn sie auf die Hose kommt.

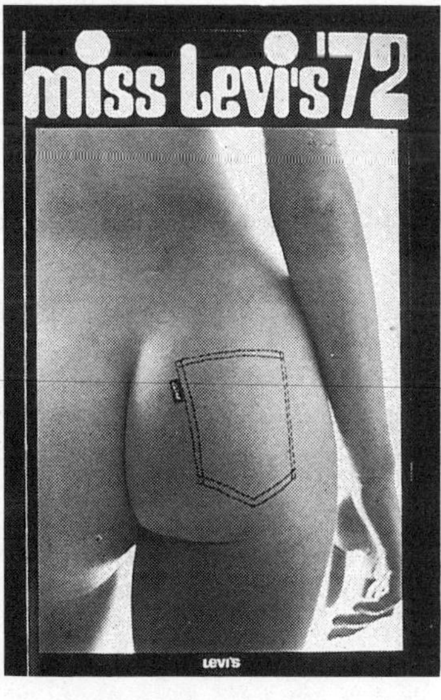

BADEWANNE

„Don't know much about history ..."

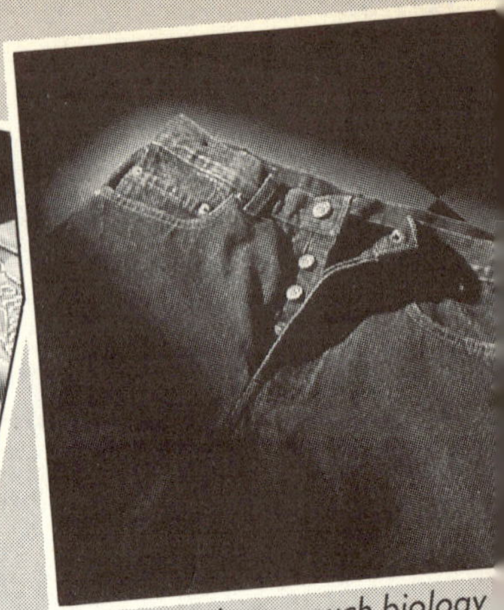

„.... don't know much biology

Also, ich mach ja immer 'ne Zeremonie draus, wenn ich in meine neue 501 steige...

E
h
E
D
E

„. . . what a wonderful world it's with you."

War 'ne starke Braut, wenn ich mich richtig erinnere. Elsie . . .

Lied . . .
t doch
alte

Na, erst mal in die Wanne mit mir und der neuen 501 und landfein gemacht.

Und die Story geht weiter...

Die Levi's saß wie angegossen. Das heiße Bad hatte ihr gutgetan, und auch er fühlte sich wie neugeboren. Er fuhr mit beiden Händen über den weichen Stoff und griff nach seiner Brieftasche und dem Kamm. Dabei fiel ihm auch das Foto wieder in die Hände. Elsie hieß das Mädchen. Elsie Zoblakowski. So einen Namen vergaß man nicht, wenn er auch beinahe das Mädchen vergessen hätte.

Ein Jahr war das nun schon her. Er hatte einfach Schluß mit ihr gemacht, als er mit seinen Eltern in einen anderen Stadtteil von Chicago gezogen war. Aus Bequemlichkeit, weil er nicht immer durch die ganze Stadt fahren wollte, um seine Freundin zu sehen. Und weil ihm nicht so viel an Elsie lag. Andere Mütter hatten auch schöne Töchter, und er war selbstbewußt genug zu glauben, daß ihm keine widerstehen konnte.

Aber nach ein paar Monaten hatte er eingesehen, daß es gar nicht so einfach war, Elsie zu vergessen. In seinen Träumen sah er sie immer wieder, wie sie weinend vor ihm stand und nicht fassen konnte, daß er nichts mehr von ihr wissen wollte. Er war herzlos gewesen, verdammt, ein herzloser Hund. Und er war dumm, weil er erst jetzt merkte, daß er Elsie wirklich liebte.

Er hatte bei ihr angerufen, aber dann war

eine Durchsage gekommen. Kein Anschluß unter dieser Nummer. Oder so ähnlich. Elsie war nicht mehr da, sie war weggezogen, und der Himmel allein wußte, wo sie jetzt war. San Francisco, Seattle, Los Angeles... Sie konnte überall und nirgends sein. Er war verzweifelt gewesen, hatte die Nachmieter und überall in der Nachbarschaft gefragt, aber niemand hatte gewußt, wohin Elsie mit ihren Eltern gezogen war. »Nach Westen«, hatte eine ältere Dame gemeint, aber der Westen war groß, und es konnte Jahrzehnte dauern, bis er sie dort gefunden hatte. Wenn er sie überhaupt fand.

Ja, und dann hatte er vor zwei Tagen noch einmal im Telefonbuch von Chicago nachgeschlagen. Einfach so, um ganz sicherzugehen. Und da hatte der Name plötzlich wieder dringestanden. Sie wohnten wieder in ihrem alten Stadtteil, die Zoblakowskis, und er hatte sofort beschlossen, bei Elsie vorzusprechen. Wenn er nur anrief, würde sie ihn bestimmt zum Teufel jagen, am Telefon, da war er nicht gut, nein, er mußte hingehen.

Zwei Tage hatte er gebraucht, um den nötigen Mut zu finden, und er hatte sich eigens für diesen wichtigen Abend eine neue Levi's gekauft. Vielleicht erinnerte Elsie sich ja noch daran, daß er zu den ganz wichtigen Gelegenheiten immer eine brandneue Levi's getragen hatte. An ihrem sechzehnten Geburtstag, am Abschlußball der High School, beim Festbankett nach dem gewonnenen Basketballspiel...

Er ging aus dem Haus und setzte sich auf seine Harley. Er liebte seine Maschine, aber in letzter Zeit hatte er festgestellt, daß das Vergnügen nur ein halbes war, wenn Elsie nicht auf dem Sozius saß. Er fuhr durch die Stadt und stellte die Maschine vor dem Mietshaus ab, in dem Elsie wohnte.

Wohnte sie wirklich noch da? Ihm kam plötzlich zu Bewußtsein, daß Elsie ja auch schon achtzehn war. Daß sie vielleicht schon verheiratet, zumindest aber ausgezogen war und irgendwo zusammen mit einer Freundin wohnte. Egal, sagte er sich, dann muß ich eben ihre Eltern rumkriegen. Die werden mir schon sagen, wo ich sie finde. Er wußte zwar genau, daß sie das nicht tun würden, aber er redete es sich zumindest ein.

Mit gemischten Gefühlen stieg er die Treppe zum zweiten Stock hinauf. Vor der Haustür blieb er stehen, dann holte er tief Luft und klingelte.

Leise Schritte. Eine Sicherheitskette wurde abgenommen und ein Schlüssel gedreht. Dann wurde die Tür geöffnet.

»Elsie«, sagte er leise.

Sie war schöner denn je, schöner noch als in seinen Träumen, und sie hatte das hinrei-

ßendste Kleid an, daß er je an einem Mädchen gesehen hatte.
»Elsie«, sagte er wieder. Er hatte sich eine richtige Rede zurechtgelegt, aber jetzt fielen ihm die Worte nicht mehr ein, und er stammelte nur hilflos. »Elsie... wollen wir ausgehen?« brachte er dann hervor.
Sie betrachtete ihn von oben bis unten, und als sie die neue Levi's bemerkte, huschte ein Lächeln über ihr Gesicht. »Du hast dich lange nicht gemeldet«, sagte sie.
Er schluckte. »Ich weiß. Ich wollte dich anrufen, aber dann wart ihr weggezogen, und erst vor zwei Tagen, als ich wieder im Telefonbuch nachgeschaut habe... Wollen wir ausgehen?«
Sie lächelte wieder, diesmal herzlicher. »Warum nicht?« meinte sie. »Ich bin schon lange fertig.«

San Francisco, Valencia Street

Joe Cassaletto gehört zu diesen typischen Amerikanern, die einen gleich wie einen guten Freund behandeln und alles für dich tun, solange du mitspielst und alles wunderbar findest. Nach einem anstrengenden Vormittag in San Francisco bin ich froh, ihn gefunden zu haben. Er begrüßt mich in der Eingangshalle der Vorzeigefabrik von Levi Strauss in San Francisco, ein temperamentvoller und redseliger Mann, der seine sizilianische Vergangenheit nicht verleugnen kann und will und mich erst mal zu einem Becher Kaffee ins Casino schleift.

»Ich hab' schon vor dreißig Jahren für Levi's gearbeitet«, legt er los und läßt mich kaum zu Wort kommen, »ich begann damals als Lagerarbeiter, arbeitete mich dann langsam nach oben und war schließlich Manager in der Fabrik in San José, California. War 'n riesiger Job, aber dann wurde die Fabrik geschlossen, und ich stand auf der Straße, wie viele Leute nach dem Krieg. War aber schon bald wieder dick drin, in einer anderen Branche allerdings. Ich reiste als Versicherungsvertreter durch die Lande, verkaufte alle möglichen Sachen, na ja, und vor ein paar Jahren noch hatte ich ein Video-Studio. Ich drehte Hochzeiten und all so 'n Kram. Bis ich dann wieder bei Levi's landete. Jetzt bin ich so 'ne Art Mädchen für

alles hier, ich führe Reisegruppen durch die Fabrik und rühre ein bißchen die Werbetrommel und so. Ich bin froh, wieder für die Firma arbeiten zu können.«
Kein Spruch, er hat wirklich große Freude daran, mich durch die verschiedenen Abteilungen der Firma zu führen, und stellt mich

Die Levi's Stammfabrik in San Francisco

überschwenglich den anderen Mitarbeitern vor. Immer wieder preist er die guten Arbeitsbedingungen und das vortreffliche Material, aus dem die 501 gefertigt wird. »Bei uns werden nur 501 hergestellt«, sagt er, »nur die echten.«
In der Näherei halten wir uns nur kurze Zeit auf, wie es dort läuft habe ich ja schon in Frankreich gesehen, obwohl es hier ganz anders zugeht, wesentlich langsamer und gemütlicher. »Wo warst du? In Frankreich?« fragt Joe, nachdem ich ihm von La Bassee erzählt habe, »hm, das ist eine von den großen Fabriken, was? So wie in Knoxville, Tennessee, wahrscheinlich. Na, das ist natürlich kein Vergleich hier, wir haben keine Computer und keine Maschinen, hier geschieht noch alles von Hand. Aber die Frauen sind erfahrener als anderswo. Da drüben, zum Beispiel, das ist Susan Sucala, die arbeitet schon seit fünfzehn Jahren für uns. Und Eloise Tenorio, das ist die Dame an der Nähmaschine, ist schon seit fünfundzwanzig Jahren bei Levi's. Von den zweiundsechzig Frauen, die hier in der Näherei arbeiten, sind die meisten länger als zehn Jahre hier.«
Im Vergleich zu La Bassee macht die Näherei in der Valencia Street von San Francisco einen fast beschaulichen Eindruck. Da wird nicht gehetzt und getrieben, und selbst die Nähmaschinen surren nicht so laut wie in

Frankreich. Die Frauen lassen sich Zeit, gehen aber sehr genau und sorgfältig vor und stellen sicher die besten Jeans her, die Levi's zu bieten hat.

Joe wechselt ein paar Worte mit einer Näherin, die ihm wohl besonders ans Herz gewachsen ist, dann gehen wir nach draußen und betreten einen langen Flur. Dort sind einige Stücke aus der Vergangenheit der Firma ausgestellt. Eine alte Singer-Nähmaschine, made in Germany, eine Levi's aus dem letzten Jahrhundert, die ersten

Im Labor wird der Denim auf Fehler untersucht

Nieten, alte Knöpfe und ein Auftragsbuch, in das der gute Levi noch selbst die Zahlen reingekritzelt hat. Beim Anblick der Kladde sehe ich ihn förmlich vor mir sitzen, an seinem Schreibtisch, die Petroleumlampe auf der Anrichte.

Die Gegenwart holt uns im Design Department ein, wo modebewußte Veteranen damit beschäftigt sind, neue Muster für neue Kleidungsstücke zu entwerfen. An der 501 und den anderen klassischen Jeans wird natürlich nichts verändert, aber für modische Freizeithosen ist immer ein Markt da. Vielleicht gelingt ja mal wieder ein Wurf wie die bügelfreie STA-PREST, die damals wie eine Bombe auf dem amerikanischen Markt einschlug. STA-PREST, ausgesprochen *Stay Pressed*, bedeutet übrigens genau das: Bleibt gebügelt. Im Land der Synthetik-Träger sicherlich eine Revolution, bei uns griff man damals lieber zum Bügeleisen.

Kyung Kim arbeitet im Labor, wo der Stoff auf seine Qualität und Festigkeit untersucht wird. Sie wurde in Korea geboren, studierte Textilien wie andere Leute Bücher und arbeitet schon seit achtzehn Jahren in derselben Abteilung. »Wir untersuchen den Denim auf seine Festigkeit«, sagt sie, »machen Farbteste und untersuchen, wie sehr der Stoff einläuft. An der Maschine da drüben wird zum Beispiel die Festigkeit geprüft.« Ich gehe hinüber und beobachte fasziniert,

Sta-Prest: ▸ garantiert bügelfrei

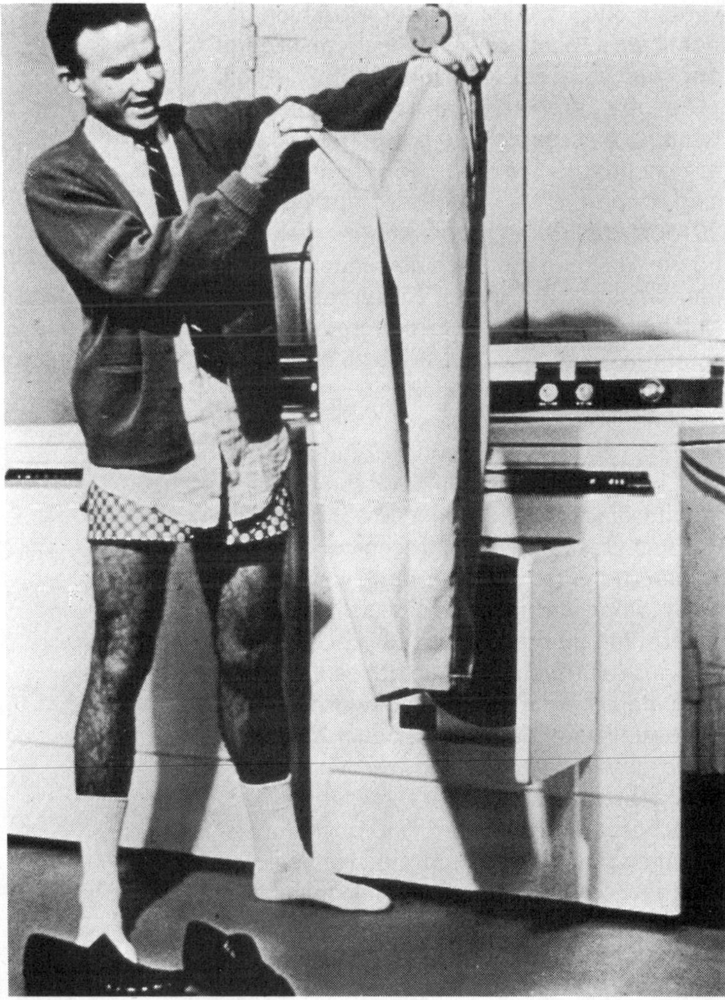

wie ein Stück Denim von der Maschine gedehnt wird, bis er reißt. Ein Instrument zeigt an, welche Belastung der Stoff aushält. »Die 501 reißt erst bei 180 Pfund«, sagt Kyung, »eine gebleichte schon bei 130. Die mit chemischen Mitteln behandelten Jeans sind lange nicht so stabil wie die Original 501, obwohl deren Stabilität nach mehrmaligem Waschen natürlich auch nachläßt.«
Im Product Research Department sind Mitchell und seine Mitarbeiter damit beschäftigt, neue Waschausfälle zu begutachten. Hier wird entschieden, ob eine stonewashed oder whitewashed auf den Markt kommt, ob sie den Anforderungen entspricht. Den Löwenanteil der Arbeit bestreitet allerdings der Koreaner Jay Shan, der in Product Development & Technical Services seinen Mann steht. Hinter dem hochtrabenden Namen verbirgt sich eine schlichte Wäscherei mit mehreren Spezialwaschmaschinen aus rostfreiem Stahl, in denen die Jeans auf unterschiedliche Weise gewaschen und behandelt und dann an Product Research weitergeleitet werden. Da werden die Hosen gebleicht und gefärbt, whitewashed, bleached, superbleached, und auch die berühmten Steine werden in die Trommel geworfen. So wie Nick Camen im Commercial hat das kein Mensch in den fünfziger Jahren getan, da hätte jede normale Waschmaschine ausgetrommelt, aber in diesen

stabilen Dingern ist das kein Problem, und es werden ja ohnehin nur leichte Bimssteine verwendet. »Das Gewicht der Steine variiert«, sagt Jay, »je nachdem, was man für einen Waschausfall haben will. Normalerweise wiegen die Steine in der Trommel doppelt soviel wie die Hose.«
In der Wäscherei des Koreaners endet unsere Tour, und Joe bringt mich zum Eingang zurück. Immer noch begeistert, immer noch voller Tatendrang, als gelte es, die Firma zu verkaufen. Beim Verabschieden fällt mir noch auf, daß er im Gegensatz zu vielen anderen Mitarbeitern eine Levi's trägt, eine 501 natürlich, was denn sonst?

ABSCHIED

War 'ne ziemlich blöde Situation, als wir damals auf den Bus warteten.

Wir sagten kaum ein Wort und hielten uns n fest und kämpften gegen die Tränen a

Zu Hause packte ich das Päckchen aus, das er mir zum Abschied in die Hand gedrückt hatte.

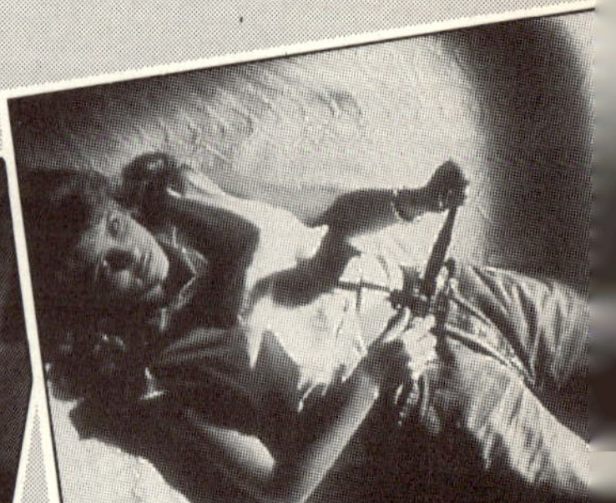

Seine 501 ... eine schönere Liebeserklä hatte ich noch nie bekor

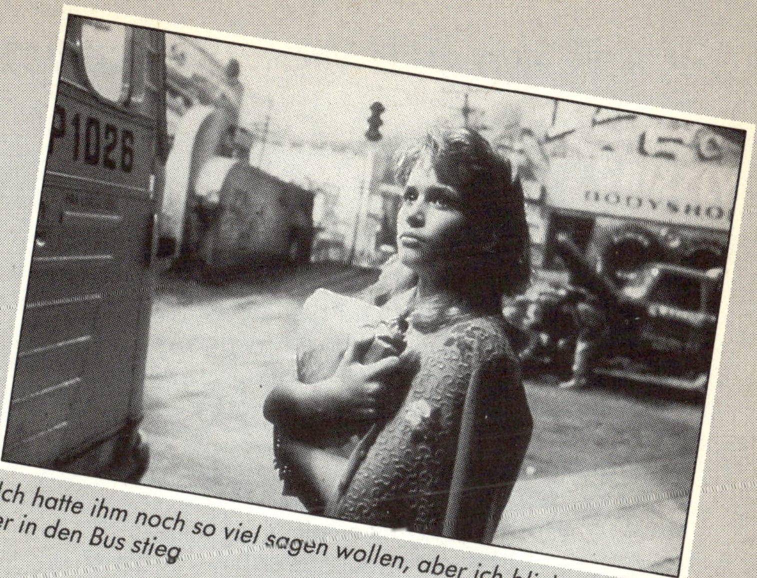

Ich hatte ihm noch so viel sagen wollen, aber ich blieb stumm, als er in den Bus stieg

Und dann fand ich den Brief…

Und die Story geht weiter...

Sie las den Brief immer wieder, den Brief, in dem er ihr ewige Liebe schwor und versprach, sie zu heiraten, sobald er aus dem Krieg zurückgekehrt war. Sie las ihn, bis ihr vor Müdigkeit die Augen zufielen, und sie griff nachts danach, als sie schweißgebadet aufwachte und leise weinte.

Am nächsten Tag war sie kaum zu gebrauchen, und auch Rosie war ihr keine Hilfe; ihr Mann war vor vier Wochen eingezogen worden. Zum Glück hatte sich Mister Rowland verständnisvoll gezeigt, er hatte ihr frei gegeben und gesagt, daß er das Gemüse auch mal allein verkaufen könnte. Am Nachmittag hatte sie sich dann gewünscht, doch zur Arbeit gegangen zu sein, denn zu Hause kam sie nur auf dumme Gedanken, und wenn sie den Fernseher andrehte, wurde sie in den Nachrichten nur an diesen höllischen Krieg erinnert. Sie hatte keine Ahnung, warum die Männer in diesem fremden Land kämpften, und sie verstand noch weniger, warum John einer von ihnen sein mußte. Er hatte doch niemandem etwas getan. Er war zur Schule gegangen, wie sie, und hatte sich um einen Job beworben, und dann war plötzlich dieser blöde Brief aus Washington gekommen...

Sie zog den Gürtel seiner Jeans fester. Die Levi's war ihr ein bißchen zu groß, aber sie würde die Hosen dennoch tragen und nur ablegen, wenn sie in die Wäsche mußten. Er hatte ihr die Levi's beim Abschied gegeben, so wie andere Männer einen Ring oder eine Kette schenken, und sie wußte ja, daß die ausgeblichenen Jeans sein ein und alles waren.

Jetzt trug er eine Uniform. Ein halbes Jahr, ein Jahr, wer wußte das schon. Ausgerechnet er, der Uniformen, überhaupt alle Hosen mit Bügelfalte, immer verabscheut hatte. Ausgerechnet er mußte in solchen Hosen rumlaufen und irgendeinem Vorgesetzten mit vier Streifen die Stiefel putzen.

Sie redete sich das immer wieder ein, daß er im Hauptquartier hängenblieb und irgendeinem Offizier zugeteilt wurde. Offiziere kämpften nicht an der Front, soviel hatte John gewußt, und er hatte ihr noch im Busbahnhof zugeflüstert, daß er auf alle Fälle einen solchen Job ergattern würde. An der Front, irgendwo im undurchdringlichen Dschungel, da hatte er nichts zu suchen. Er wußte doch gar nicht, wie man kämpfte, hatte gerade so kapiert, wie das Gewehr funktionierte. Na, die hohen Tiere würden schon wissen, daß er nicht zum Kämpfen taugte.

Drei Monate später kam wieder ein Brief aus Washington. An seine Eltern, die ihn zitternd an sie weiterreichten. Wir bedauern, ihnen mitteilen zu müssen, daß ihr Sohn im Einsatz für sein Vaterland gefallen ist. So oder so ähnlich lauteten die Worte, die ihre kleine Welt zum Einsturz brachten, auch wenn eine Stimme ihr immer wieder sagte: Du darfst nicht zusammenbrechen, das Leben geht weiter, du wirst es überwinden. Aber das Leben ging erst ein paar Jahre später weiter. An jenem Tag, als sie sich von der ausgeblichenen Jeans trennte und seine Eltern ihr verwundert ein Bild in der Zeitung zeigten. Irgend jemand hatte eine Levi's über das Grabmal des unbekannten Soldaten gehängt, und keiner konnte sich erklären, warum das geschehen war. »Ruhe in Frieden!« sagte sie nur. »Jetzt kann dir nichts mehr passieren.«

Jeans für jeden Geschmack

Bei *Levi* konnte man nur die gute, alte 501 kaufen. Zum Goldschürfen brauchte man auch nichts anderes, da genügten die strapazierfähigen Beinkleider, die heute wieder so in Mode sind. Aber bei *Levi's* setzt man nicht nur auf die 501 allein. Eine ganze Pyramide von Hosen und anderen Kleidungsstücken wurde da aufgebaut, in allen möglichen Paßformen und Waschverfahren, um jeden Jeans-Geschmack zufriedenzustellen. Im Laden verliert man da leicht den Überblick, aber es gibt ein paar typische Merkmale, an denen man jede Hose erkennen kann.
Die 501 zum Beispiel, das älteste und zugleich bestverkaufte Stück der Firma, die qualitative, aber auch preisliche Spitze der Pyramide. Runde 120 deutsche Märker muß man schon hinlegen für das Ding, dafür kann man sicher sein, die am besten verarbeitete Hose aus dem Hause Levi's im Einkaufsbeutel zu haben. Die Hose aus der Kinowerbung, das legendäre Stück, das schon James Dean und Marlon Brando am Körper hatten. Erkennbar an dem rot bedruckten Lederetikett und dem roten Fähnchen, an der verdeckten Knopfleiste, der zusätzlichen Niete am Uhrentäschchen und der geschwungenen Doppelnaht auf den Gesäßtaschen. Vierzehn Arbeitsgänge mehr als bei jeder anderen Jeans werden in

Marilyn King's 'ROUND THE TOWN

(Continued from Page 1)

Incidently, there's an historical yarn back of these same Levi's. They are the product of two mining booms, the great California Gold Rush of the 1850's and the Comstock Lode excitement of the 1860's. The first brought young Levi Strauss to San Francisco aboard a round-the-Horn windjammer. In the hold was stored Levi's bid for fortune, a small cargo of cloth.

He soon found that his best demand was for denim work trousers worn by the miners at the diggings. These, like virtually all clothes of the day, were tailored to measure; and thus Levi's overalls acquired the comfortable, tailored fit that has been a feature for ninety years.

When dressing Dolly Dude, use either shirt or jacket, not both at once. Notice the careful fit.

Later, when the Comstock boom was at its height, Strauss received a visit from one of his customers, a Virginia City tailor named Jacob W. Davis. During their talk, Davis told the story of a Nevada prospector named Alkali Ike. This local character, said Davis, invariably returned from his prospecting jaunts

Rodeo shirt of gaudy hue,
And Levis snug yet easy, too.

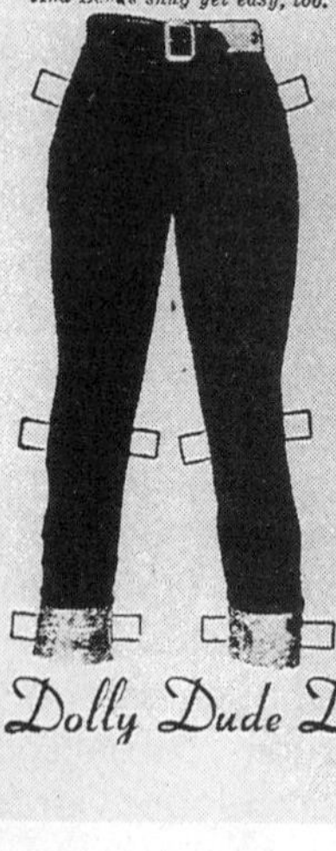

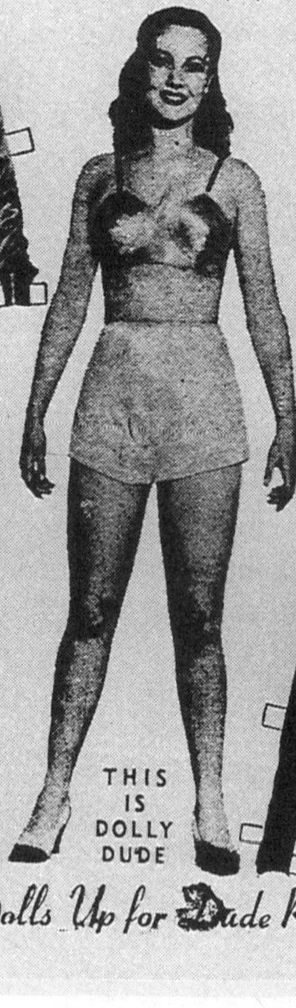

A cowboy hat with shady brim,
And high-heel boots with fancy trim.

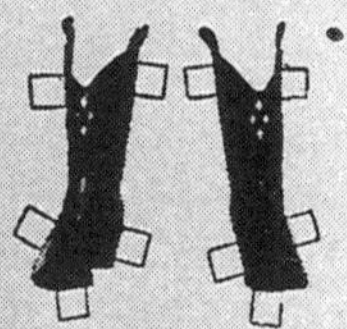

To be a really fancy packet
You'll need this Frontier Rider's jacket.

Dolly Dude Dolls Up for Dude Ranch Vacation

das gute Stück investiert, das es in unseren Breiten auch schwarz, auf alle Fälle aber *stone bleached, stone washed, black stoned* und im neuen Waschverfahren Klondyke gibt, in den USA auch ungewaschen und zum baldigen Badewannengebrauch bestimmt.

Mädels, die richtig drauf und der Mode immer einen Schritt voraus sind, tragen auch die 501, oversized natürlich, aber da nicht jeder ein Trendsetter sein will, hat man bei Levi's eine 901 im Angebot. Mit allen Vorteilen, die auch die 501 zu bieten hat, aber damenhafter geschnitten. »Für Mädels mit Stil und hohem Anspruchsniveau«, wie man bei Levi's sagen würde.

Junge Leute, die keinen Bock darauf haben, eine neue Mode zu schaffen und somit einen Trend zu setten, aber immer modisch gekleidet sein und in der ersten Modereihe laufen wollen, greifen nach den SILVER TABS. Benannt nach dem silbernen Satinfähnchen (Wow!) an der rechten Gesäßtasche. Silbern auch das Etikett, das laut Levi's junge Leute zwischen 14 und 25 Jahren ansprechen soll, im Firmenjargon: »trendorientierte Markenjeanskäufer, die gerne modisch und gut angezogen gehen.« Verwendet wird für die SILVER TABS ein hochwertiger Denim, der im sogenannten Ring-Spun und Loose-Weave-Verfahren hergestellt wird und dadurch besonders weich und ange-

◂ *Bastele dir dein eigenes Jeans-Girl*

nehm im Tragen ist. Ein besonderes Waschverfahren sorgt für den modischen Patina-Effekt, auf den die meisten Jugendlichen heute so abfahren.
Unter orangefarbenem Fähnchen segelt die breite Flotte der preisgünstigen Jeans für die breite Masse. Etwas teurer als die Denim-Berge im Kaufhaus, aber auch besser. Für Leute, die auf Markenjeans stehen und keine Lust haben, sich jeden Morgen die Hose zuzuknöpfen. Die auf das modische Silberfähnchen pfeifen und einfach praktisch angezogen sein wollen.
Was es noch so bei Levi's gibt? Zwei Röcke zum Beispiel, einen kurzen und einen langen, und Cordhosen und Twillhosen und ein Ding, das sich Chino nennt. Ein Mittelding zwischen normaler Hose und Jeans, inspiriert von der Hose der US-Marine, wie sie in den vierziger und fünfziger Jahren getragen wurde. Frankie-Boy Sinatra und Burt Lancaster liefen so rum, in »Verdammt in alle Ewigkeit« zum Beispiel. Und modische Bundfaltenslacks für reifere Jahrgänge, die unter dem Namen CIVVY STREET angeboten werden. Und Jacken und Hemden und Sweatshirts und Polohemden und sogar ein ganz gewöhnlicher Pullover.

Silver Tabs – was für junge Leute

SILVER TABS
EXCITING JEANS
LEVI'S

Fragen an Levi's (2)

Bob Rockey, Euro Group President von Levi Strauss & Co., berichtet über Strategien und Ziele der Firma

Ist die 501 so erfolgreich, weil sie von einer Aura der Nostalgie umgeben ist oder weil sie besser ist als andere Jeans?

Die 501 ist ein einzigartiges Produkt, so etwas gibt es bei keiner anderen Firma. Sie ist einzigartig, was ihren Schnitt und ihre

Bob Rockey, der Europa-Boß von Levi's

Verarbeitung angeht, und sie ist von einer Aura umgeben, die an die Anfänge des Jeans-Business erinnert. Überall auf der Welt setzt sie den Standard, an dem andere Jeans gemessen werden. Für einen riesigen Kundenstamm bedeutet sie etwas ganz Besonderes. Jeder Designer hat zum Beispiel eine 501 in seinem Schrank hängen. Sie ist wie ein guter Freund, steht am Anfang lässiger und bequemer Kleidung. Sie erinnert an die Goldwäscher in den fünfziger und sechziger Jahren des vorigen Jahrhunderts. Dank des Materials, das wir verwenden, ist die 501 eine Hose, die jedem paßt, mit einem wächst oder schrumpft. Ein einzigartiges Produkt also.

Zeigen die berühmten Commercials ein getreues Bild der fünfziger Jahre, oder bekommen wir da ein Traumbild zu sehen?

Eigentlich beides. Sie zeigen ein Bild von Amerika, das positiv auf Europäer wirkt. Grob gesprochen sind das die fünfziger und sechziger Jahre. Selbst die meisten Jugendlichen, die damals noch gar nicht geboren waren, betrachten diese Ära vor Vietnam als positiv. Die Musik, die Szenen in unseren Filmen. Es ist schon erstaunlich, wie positiv diese Zeit von der heutigen Jugend eingeschätzt wird.

Warum wurden die Werbefilme nicht in die USA verkauft? Sind die Szenen aus den fünfziger Jahren zu real für die Amerikaner?

Nicht unbedingt, aber unsere amerikanischen Kollegen bewerben den Markt ganz anders. Im Westen der Vereinigten Staaten ist die 501 ohnehin das meistverkaufte Produkt ihrer Art. Man konzentrierte sich also vor allem auf die städtischen Gebiete im Osten. New York City, Boston, Philadelphia. Dort war unser Produkt lange Zeit nicht bekannt. Wir gingen dort vor allem auf die Teenager los. Wir testeten diese US-Kampagne 1984/85 auch in Europa, aber hier kam sie nicht an. Unsere neuen Commercials in Europa sollen die Aura des guten Amerika der fünfziger Jahre heraufbeschwören, und das geht natürlich in Amerika nicht. Das Morgenmagazin »Today« hat vor einiger Zeit ausführlich über unsere europäische Kampagne berichtet, und die Commercials kamen auch gut beim Publikum an, vor allem aber wegen ihrer künstlerischen Qualität. Amerikaner und Europäer unterscheiden sich, deshalb auch die unterschiedlichen Kampagnen.

Kritiker haben immer gesagt, die Jeans sei die Uniform einer neuen Generation. Gleichzeitig werden sie aber auch als indi-

vidualistische Kleidung gelobt. Wie erklären Sie sich diesen Widerspruch?

Die 501 bedeutet für jeden Kunden etwas anderes. Der eine geht abends darin aus, der andere wäscht in Jeans sein Auto. So einen weiten Bereich deckt die Jeans ab. Als bloßes Kleidungsstück mag eine 501 wie die andere aussehen, aber jeder macht etwas anderes daraus.

Wann begann eigentlich das große Geschäft für Levi Strauss in Europa?

Unsere beste Zeit in Europa waren die frühen siebziger Jahre. Die 501 hatte damals aber nur einen sehr geringen Marktanteil, das waren sogar in unserem besten Jahr höchstens drei Prozent vom Gesamtumsatz. Diese Shrink-to-Fit-501 sprach nur einen ganz kleinen Kundenkreis an, der sich die Mühe machte und mit einer neuen Hose in die Badewanne stieg oder das Ding viele Male wusch, bis es paßte. Erst im November 1984, als wir mit der Ausstrahlung der neuen Commercials begannen, ging es mit der 501 aufwärts.

Levi's hat viele Konkurrenten. Was können Wrangler, Lee & Co. gegen Levi's ausrichten?

Wenn uns jemand kopiert, ist das auch als Kompliment zu verstehen. Es gibt wohl keinen Hersteller in Europa, der nicht versucht, ein Gegenstück zur 501 zu finden. Aber die 501 kann eben nur von Levi's kommen, gehört unserer Firma. Sie wird nur von uns hergestellt und vertrieben, und das schon seit über hundert Jahren. Da kommt keiner ran. Und man kann auch nicht einfach hingehen und eine Fabrik bauen, um eine neue 501 herzustellen, das haut nicht hin. Viele haben versucht, die 501 nachzumachen, niemand hat es bisher geschafft. Diese Originalität ist unser großer Vorteil.

Was sagt Levi's zu den sogenannten Designer's Jeans wie Calvin Klein?

Auch die betrachten wir als Kompliment. Aber die ersten Designer's Jeans waren eben Levi's. Die heutigen Designer's Jeans sind im Endeffekt doch nur Kopien unserer Produkte. Es gibt sicher mehr Designer, die eine 501 im Schrank haben, als andere.

Ist Levi's auch in Osteuropa vertreten?

Wir haben Lizenznehmer in Ungarn und Jugoslawien, und das schon seit 1973. Das Geschäft dort geht ganz gut. Wir exportieren auch in die DDR, nach Polen, in die ČSSR und in die Sowjetunion.

Levi's verfolgt keinen modischen Trend, bleibt beim Bewährten. Ist das die Philosophie der Firma?

Die Philosophie unserer Firma sagt, daß wir das tun sollen, was wir am besten können. Wir wollen mit unseren Produkten den Standard für alle setzen.

So ging's früher bei Levi's zu

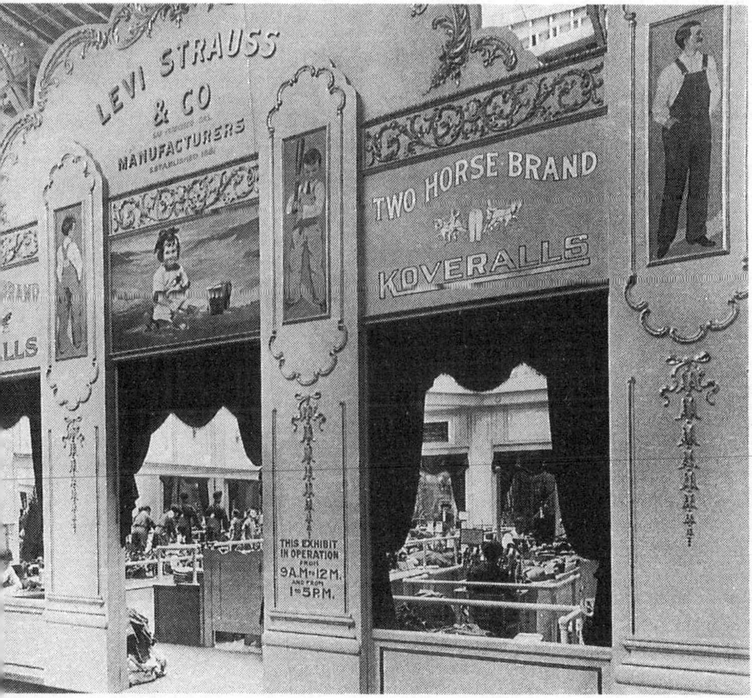

Her mit den fünfziger Jahren!

Ich weiß nicht mehr, welcher Film es war, aber an den Werbespot kann ich mich noch genau erinnern. Nein, nein, nicht an die Cowboys von Marlboro und auch nicht an die fröhlichen Lord-Menschen, die gehören ja längst zur großen Kino-Familie. Ich meine den Waschsalon, den legendären Levi's-Werbefilm. Ein anerkennendes Raunen lief durch das Kino, nachdem das Ding über die Leinwand geflimmert war, und kaum einer interessierte sich noch für die Vorschau auf eine dieser ach so lustigen Popcorn-Familien. Was will ich mit kichernden College-Girls und footballernden All-American Boys, wenn ich gerade in die fünfziger Jahre abgedampft bin und auf Wolke 7 schwebe. Mann, das waren doch noch ganz andere Zeiten, da war die Welt noch in Ordnung. Da stimmte das Umfeld, da stimmte die Musik, und es gab noch romantische Mädchen und heiße Jungs.
Natürlich trugen wir Jeans damals, weil wir jung waren und so wie James Dean und Elvis sein wollten. So wie Nick Camen in dem Werbefilm, der die Kinobesucher so beeindruckt hat und zu einem mehrfach preisgekrönten Kultfilm wurde. In dem dreißig Sekunden langen Werbespot des englischen Werbemeisters John Hegarty betritt der junge Mann einen Waschsalon irgend-

wo in Amerika. Der Soldat auf der Straße, die Kleidung der spielenden Kinder, die Waschmaschinen und die Schilder an der Wand, vor allem aber die Musik versetzen uns in die fünfziger und frühen sechziger Jahre, so wie wir sie in Erinnerung haben, so wie sie hätten sein müssen. Unter den Klängen von Marvin Gayes »I Heard It Through the Grapevine« tritt Nick Camen an eine Waschmaschine und zieht sich in aller Seelenruhe aus. Zuerst kullern ein paar Steine in die Trommel, dann folgen das T-Shirt und die 501 von Levi's. Der Kerl läßt sich weder von zwei spielenden Kindern noch von zwei kichernden Teenagern stören. Nur mit seinen weißen Boxershorts bekleidet setzt er sich zwischen die Mädels und einen desinteressierten Vorstadtamerikaner.

Ein Hammer, dieses Video. Weil es die Sehnsucht nach der guten alten Zeit beschwört und die Legende aufleben läßt. Weil es den Zeitgeist von heute einfängt, der sich zunehmend an den Idealen von damals orientiert. In dreißig Sekunden wird alles gesagt, ohne daß ein einziger Spruch aus den Lautsprechern kommt. Nur die Musik, nur die Bilder sprechen zu uns. Die Alten erinnern sich, die Jungen fangen an zu träumen. Und gehen aus dem Kino und stürmen in den nächsten Jeansladen und reißen der Verkäuferin die letzte 501 aus

den Händen. Rennen nach Hause, legen eine alte Scheibe auf und setzen sich mitsamt der Jeans in die Badewanne.
Das tut auch der Typ in dem zweiten Werbefilm. »Wonderful World« heißt die Platte, die er aufgelegt hat, so 'n Ohrwurm, der sich bis heute gehalten hat und die Message der damaligen Zeit hervorragend rüberbringt. Ein Kerl wie Elvis, dieser Junge im Video, er räkelt sich aus dem Bett, macht ein paar Klimmzüge an der Vorhangstange und bringt seine Elvis-Frisur auf Trab. Er streift sich die niegelnagelneue 501 von Levi's über und marschiert, mit Getränken und Lesestoff bewaffnet, schnurstracks ins Badezimmer. Mitsamt der Jeans taucht er ins heiße Badewasser, und dort wird er auch bleiben, bis das Prunkstück von Hose wie angegossen sitzt.
Ein Aha-Erlebnis für die heute Vierzig-, Fünfzigjährigen, die das damals wirklich gemacht haben. Ein Gag, die Wiedergeburt eines Rituals für die Teenies von heute, die sich nach den Fifties und Sixties sehnen, weil damals alles ein bißchen leichter und unbeschwerter gewesen sein soll. Ganz zu schweigen von der Musik, dieser wirklich affengeilen Musik, die fast alles in den Schatten stellt, was heute so als Musik verkauft wird.
Überhaupt, die Musik. Ein Song wie »Wonderful World« wurde zwar zum Klassiker,

Die legendären Werbefilme werden gedreht ▸

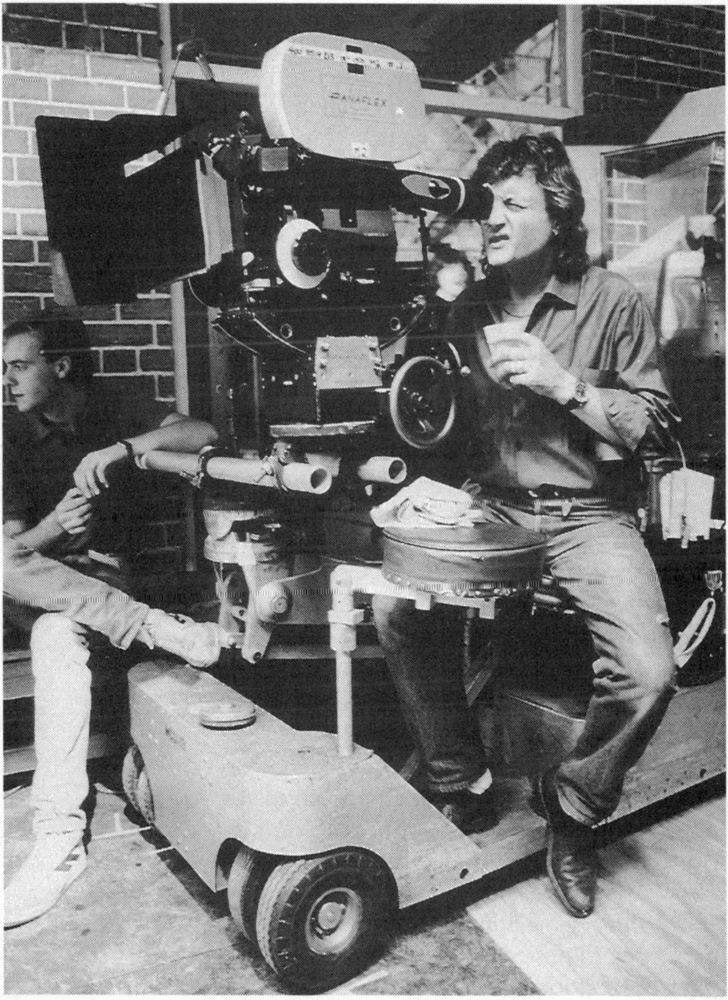
PANAFLEX

schaffte 1960 aber gerade mal Platz 29 der Charts. Sage und schreibe sechsundzwanzig Jahre später wurde die Scheibe noch mal veröffentlicht und schoß überall in Europa auf den ersten Platz der Hitparade. Des Rätsels Lösung steht auf der neuen Plattenhülle: The Song Featured in the 501 Commercial. Das Lied aus dem 501-Werbefilm. Sam Cooke, der 1964 verstorbene Sänger, ist nur noch auf einem Paßbild zu sehen, den Löwenanteil des Covers beherrscht das Schlußbild des legendären Werbefilms: der Typ in der Badewanne.
Ähnliches geschah auch mit dem Hit des Waschsalon-Films, dessen Hauptdarsteller Nick Camen inzwischen selber zum Star wurde und auch selber singt. Und mit den Hits der beiden Commercials von 1986, die bei Levi's unter den Titeln »Entrance« und »Parting« geführt sind. Wieder zwei Meisterwerke aus der kreativen Küche des Engländers John Hegarty, noch stimmungsvoller, noch aussagekräftiger, fast schon kleine Spielfilme.
»Entrance« spielt, wie alle vier Levi's-Streifen, in den späten fünfziger und musikalisch in den frühen sechziger Jahren. »Stand By Me«, der Klassiker mit Ben E. King. Eine Scheibe, wie sie nur alle Jahrzehnte mal rauskommt. Ein Schmusesong, der zur Stimmung des Films paßt, zur Samstagnacht in einer Kleinstadt, irgendwo auf dem ameri-

kanischen Land. Alle Kids strömen ins El Paraíso, den einzigen Club in town. »No Bluejeans« steht auf dem Schild neben dem Eingang, und der Türsteher achtet mit Argusaugen darauf, daß diese Vorschrift auch eingehalten wird. Was den coolen Typ gegenüber wenig berührt. Locker und lässig marschiert er über die Straße, auf den Eingang und den Türsteher zu. Die bewundernden Blicke eines Mädchens beachtet er kaum. Und als ihn der Bär von einem Rausschmeißer unwirsch stoppt, schiebt er mal eben die Jacke zur Seite und macht dem Kerl klar, daß es die 501 jetzt auch in Black Denim gibt. In Schwarz nämlich, und auf dem Schild ist ja nur von den Blauen die Rede.

»When A Man Loves A Woman«, der Schmusesong mit Percy Sledge, erklingt zur traurigen Ballade vom blonden Mädchen, das seinen Freund verabschiedet. Der arme Kerl muß zum Militär oder in den Krieg und reicht ihr zum Abschied ein braunes Päckchen. Dann rauscht der Bus mit ihm davon. Das Mädchen geht nach Hause, den Tränen nahe, und öffnet das Päckchen. Darin ein Brief, ein Foto und die 501 des geliebten Jungen, was sonst? When a man loves a woman, dann gibt er ihr seine geliebten Jeans.

»Parting« ist der einzige der vier Commercials, in dem auch ein Hauch von Erotik

rüberkommt. Wenn das blonde Mädchen die Hosen überstreift und sich dabei wohlig in den Laken räkelt, kann einem schon ein bißchen heißer werden. Rachel Roberts heißt die junge Dame, und es ist schwer zu glauben, daß sie erst vierzehn Jahre alt ist. »Sechzehn wäre schon zu alt«, erzählte mir die Pressedame von Levi's, »da würde dieses unschuldige Feeling verlorengehen. Wir brauchen neue, frische Gesichter.«
Mit den vier Werbefilmen aus den Jahren 1985 und 1986 hat die europäische Filiale des Levi's-Konzerns eine Trendwende erreicht. Jeans wurden wieder zum großen Geschäft, und die 501, das älteste Produkt der Firma, avancierte sogar zum Modeprodukt, wird plötzlich auch von Leuten getragen, die ihre Klamotten sonst nur in teuren Boutiquen kaufen. »Die Zuschauer der Werbefilme«, schreibt die »Frankfurter Allgemeine«, »die jungen wie die alten, die Zielgruppe, wie es im Werbejargon heißt, entdeckten darin einen neuen Lebensstil, sofern das schwermütige deutsche Wort die korrekte Übersetzung von ›lifestyle‹ bedeutet, eher Lebensgefühl vielleicht. Es ist verrückt. Denn das war natürlich nie die Absicht der beiden unschuldigen Filmchen, die aus einer Erinnerung an ein altes Lebensgefühl entstanden sind, ausgerechnet.« Und ein paar Absätze weiter: »Ein erotisches Geflimmer liegt über der Szene. John He-

garty verwendet unbekümmert Elemente des frühen Underground-Kinos. Manche Einstellungen seines Films, Augenblicke, die in Bruchteilen von Sekunden einen Lebensroman aufblitzen lassen, erinnern zum Beispiel an Kurzfilmszenen des Amerikaners Kenneth Anger. Werbung saugt die Kunst auf, die Strömungen der Zeit, und gibt sie geschönt und geglättet wieder zurück.«

Viele Wochen lang hatten Vorbereitungen und Dreharbeiten gedauert. Gefilmt wurde auf der Bühne 2 der Elstree Studios in London, und die schwierigste Aufgabe hatte wohl Assheton Gorton. Ausgerechnet in England mußte er eine amerikanische Kleinstadt aus den fünfziger Jahren bis ins kleinste Detail für die beiden Videos »Entrance« und »Parting« nachstellen. Ein heruntergekommenes Motel, blinkende Neonzeichen, alte Autos, und für eine Szene sogar einen alten Greyhound-Bus. Den konnte man nicht ranschaffen aus Amerika, aber man wurde in Holland fündig und vertauschte die holländischen einfach gegen amerikanische Zeichen und Schriftzüge. Das Ergebnis sah so authentisch aus, daß kein Amerikaner gemerkt hätte, daß in England gedreht wurde.

»Vielleicht spielen die Filme für die Amerikaner noch zu sehr in der Gegenwart«, glaubt John Hegarty den Grund dafür zu kennen, daß die Amerikaner die Spots nicht übernommen haben. Für die Europäer aber vermitteln sie eine Traumwelt, die gute und schöne Welt der fünfziger Jahre, die gute Seite des American Way of Life, und nichts kommt besser bei der breiten Masse an als die heile Welt, wie es sie nur im Kino gibt. Dank Levi's seit 1985 auch im Werbeprogramm.

Nick Camen, der Typ aus dem Waschsalon

Junge, Junge, war das 'n Ding. Kommt doch dieser schmucke Typ in den Waschsalon, zieht sich so mir nichts dir nichts bis auf die Unterhose aus und wirft seine Jeans in die Trommel. Nicht mal rot wird er, als er sich zwischen den fetten Gemüseverkäufer und die beiden Teenager setzt.

Kennt ihr schon, die Story? Na, würde mich auch schwer wundern, wenn ihr den Levi's-Werbefilm nicht gesehen hättet. Die dreißig flotten Sekunden flimmerten ja auch über jede Kinoleinwand. I Heard It Through the Grapevine. Ich kenne ein paar Mädels, die gingen fünfmal hintereinander in denselben blöden Film, nur um den Typ im Waschsalon wiederzutreffen. »Affengeil«, war die einhellige Meinung, »sieht wie Elvis aus!«

Kein Wunder. Nick Camen (so heißt der Bursche) steht auf Elvis und James Dean und die fünfziger Jahre. Und er kleidet sich auch so. Jeans, weißes T-Shirt, pomadiges Haar. Da lag es nahe, ihn für einen Werbefilm zu verpflichten, der in dieser Zeit spielt und die Message der Rock 'n' Roll-Ära rüberbringen sollte. Vom Erfolg des Werbespots war er jedoch restlos überrascht. »Es war unheimlich witzig, wie die Leute bei der Generalprobe reagiert haben«, sagt Nick, »die älteren Leute schauten entsetzt in die entgegengesetzte Richtung, und zwei Mäd-

501

chen kriegten einen knallroten Kopf, als ich die Hose auszog. Von diesem Moment an hatte der Regisseur die Gewähr, daß die originelle Idee bei den Leuten für reichlich Gesprächsstoff sorgen wird, womit der Werbeeffekt gesichert war. Daß die Waschsalon-Reklame aber gleich so tierisch einschlagen würde, hätten wir uns nicht mal träumen lassen.«

Nick Camen stand schon mit siebzehn Jahren vor der Kamera. Er hatte seine Mutter und sieben Geschwister in Harlow, Essex, verlassen, um in der großen Stadt London sein Glück zu versuchen. Dort rissen sich nicht nur die Mädchen um den gutaussehenden Jungen, sondern auch die Agenturen, die mit hübschen Gesichtern ihr Geld verdienen. Nick wurde Model. Sein Gesicht lächelte aus Modejournalen und Teenie-Zeitschriften und sogar von den Titelbildern irgendwelcher Liebesromane. Auch in Werbespots durfte er schon mal seinen Prachtkörper zeigen, aber so richtig los ging's für ihn erst mit dem Commercial von Levi's. Die dreißig Sekunden im Waschsalon machten ihn zum Star und eröffneten ihm eine riesige Karriere.

Nick Camen – die 501-Werbung machte ihn berühmt

»Dieser Werbespot hat mir ungeheuer viel Publicity eingebracht«, sagt Nick, »bringt mir heute aber auch sehr viele Nachteile. Jahrelang habe ich hart geschuftet, immer mit dem Ziel vor Augen, einmal eine Karrie-

re als Sänger zu machen. Jetzt habe ich ›Each Time You Break My Heart‹ veröffentlicht, und alle glauben, ich sei bloß ein singendes Fotomodell. Wäre ich früher Mechaniker gewesen und hätte eine Platte aufgenommen, dann hätte man kein einziges Wort verloren. Es ist nicht einfach, den Leuten klarzumachen, daß mein Interesse schon der Musik galt, als ich noch nicht mal kriechen konnte.«
Na ja, kriechen konnte er schon, aber immerhin war er erst sieben Jahre alt, als er zum erstenmal zur Gitarre griff. Er spielte in zahlreichen Schülerbands und schaute bewundernd zu zwei älteren Brüdern empor, die musikalisch schon mehr draufhatten und sogar mit Profibands unterwegs waren. Auch während seiner Arbeit als Fotomodell dachte er nur ans Singen. Er nahm Gesangsunterricht und feilte an Demo-Bändern, und als er dann endlich einen Plattenvertrag hatte, geschahen zwei Wunder beinahe gleichzeitig: Er durfte in dem legendären Levi's-Streifen mitspielen, und eines seiner Demo-Bänder kam Weltstar Madonna zu Gehör. Und damit nicht genug. Das blonde Mädel griff sogar zum Telefon und berichtete einem verdutzten Nick Camen, wie sehr ihr seine Stimme gefalle. Ob er nicht Lust habe, einen von ihr komponierten Song zu singen?
Blöde Frage. Am nächsten Tag saß Nick in

der Maschine nach Los Angeles, und zwei Tage später schuftete er bereits im Ocean Way Studio. »Each Time You Break My Heart« hieß der Titel. »Wir nahmen es innerhalb einer Woche auf«, erinnert sich Nick, »weil Madonna echt viel zu tun hat und kaum Zeit hatte.« Egal, das Ding wurde zum Hit, und als auch noch die LP anerkennendes Kopfnicken bei den Fachleuten und begeisterten Jubel bei den Fans auslöste, da wußte man, daß es Nick Camen auch als Sänger geschafft hatte. »Jetzt geht's um Musik und nichts anderes.« Und so hat er einen Schlußstrich unter seine Fotomodellzeit gezogen. »Ich habe lange davon geträumt und will nun hart arbeiten. Ich will ein erfolgreicher Popsänger sein. Ich will ganz oben sein, gleich neben den Beatles, das ist mein Traum!« Nicht gerade bescheiden, der Junge, aber nur so kann man's zu etwas bringen.
Ob er später, wenn er sein Ziel erreicht hat, auch noch die 501 überstreifen wird? So wie Bruce Springsteen? Anzunehmen, denn man kann es drehen und wenden wie man will, die verdammte Hose hat seiner Karriere einen gewaltigen Schubs gegeben.

TANZPALAST

Ist ja mächtig was los heute abend. Wird Zeit, daß ich den Schuppen mit meiner Anwesenheit erfreue. Von wegen, in Bluejeans kommst du hier nicht rein! Meine Levi's sind schwarz, da beißt die Maus und so …

Wußte ich's doch. Dem Kerl bleibt nichts anderes übrig, als mich reinzulassen …

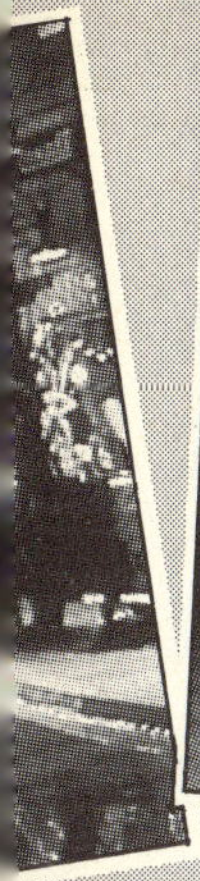

Nicht übel, die
Blonde da drüben!
Na, ich sehe ja
heute auch wieder
ziemlich cool aus.

Tja, da staunst du, was? Die
Dinger sind wirklich schwarz.
Black wie schwarz, mein Lieber!

o, die Frisur stimmt auch, jetzt kann ich
lles in Ruhe auf mich zukommen lassen.

Die Blonde von drau-
ßen, zum Beispiel, die
hat es auf mich abge-
sehen, da gehe ich jede
Wette ein.

Und die Story geht weiter...

Rick stand an der Bar und grinste zufrieden in sich hinein. Er hatte es dem verdammten Kerl an der Tür endlich mal gezeigt. Wurde ja auch höchste Zeit. Viele Male war er während der vergangenen Wochen abgewiesen worden, weil er sich strikt weigerte, seine Levi's gegen eine schlichte Baumwollhose zu vertauschen. Dann war er in der Stadt gewesen und hatte zufällig gesehen, daß es die 501 jetzt auch in Schwarz gab. Black Denim. Das war die Lösung gewesen, und er war mächtig stolz auf seinen Erfolg.

Er nippte an seiner Coke und tat so, als beachtete er die Blicke des blonden Mädchens nicht. Dabei wußte er sehr wohl, daß sie ihm bereits draußen nachgestarrt hatte. Er war ja auch ein toller Kerl. Grinsend dachte er daran, daß er es immer einfach bei den Mädchen gehabt hatte. Wenn er auch sonst und vor allem in der Schule nicht besonders helle war, auf Mädchen verstand er sich und auf cooles und lässiges Benehmen auch.

Irgendwann würde sie bei ihm an der Bar auftauchen. Sie würde diesen Schlaffmann in der weißen Strickjacke einfach stehenlassen und zu ihm kommen. Willst du mit mir tanzen, würde sie sagen, oder, he, das war eben mächtig cool da draußen. Und er würde sich mit den gespreizten Händen

durch die Haare fahren und wortlos mit ihr auf die Tanzfläche gehen. Und später, wenn die letzte Platte gelaufen war, würde er sie in den Park führen und vielleicht sogar aufs Ganze gehen. Das heißt, wenn sie keine von diesen dummen College-Gänsen war, die glauben, daß man schon vom Petting ein Baby bekam.
Kurz nach zehn war es endlich soweit. Er nippte gerade an seiner dritten Coke, als sie kam und lächelnd einen Knicks vor ihm machte. »Hallo, Mister Cool!« sagte sie.
Er sah sie neugierig an und dachte, he, die hat aber 'nen flotten Spruch auf den Lippen.
»Ich spreche mit dir, Mister Cool!«
»Ich höre, Missie.«
»Ich wollte dir nur sagen, daß ich das mächtig cool fand, was du da draußen abgezogen hast!« Also doch. »Und ich finde auch, daß du unverschämt gut aussiehst.« Ganz nach Plan. »Aber wenn du meinst, ich würde deswegen mit dir tanzen und nachts irgendwo im Gebüsch mit dir verschwinden, dann hast du dich mächtig getäuscht. So schön bist nun auch wieder nicht. Wenn ein Junge was von mir will, dann muß er schon mehr bieten als 'ne Ein-Mann-Show und ein schönes Gesicht...«
Sagte es und kehrte zu dem Typ in der Strickjacke zurück. Belämmert schaute Rick ihr nach, er verstand die Welt nicht mehr und wäre am liebsten im Erdboden versun-

ken. So hatte ihn noch nie ein Mädchen abgekanzelt.
Aber irgendwie hatte sie ja recht, verdammt noch mal. Er bildete sich zuviel auf sein Scheißaussehen ein. Und die Mädchen, die darauf reingefallen waren, hätten diesem blonden Biest nicht das Wasser reichen können. Mist! Warum haute er nicht ab? Warum machte er nicht, daß er diese Kneipe verließ und irgendwo anders auf die Jagd ging? Es gab noch andere hübsche Mädchen, selbst in diesem Kaff. Er konnte seinen alten Studebaker holen und die Main Street rauf und runter fahren. Dort warteten immer junge Dinger, die von einem Kerl wie ihm durch die Gegend gefahren werden wollten.
Statt dessen marschierte er zu dem blonden Mädchen hinüber und sagte: »Miss, Sie haben vollkommen recht. Ich hab' mich ziemlich blöd benommen. Aber ich komm' morgen wieder her, wollen wir's dann noch mal versuchen?«
Sie deutete ein Lächeln an und schien ihn im Ungewissen lassen zu wollen. Aber dann sagte sie doch noch: »Mal sehen. Wenn Sie wieder die schwarzen Jeans anhaben, könnte ich tatsächlich noch schwach werden...«

Teste dich selbst: Bist du ein Jeans-Typ?

Jetzt wollen wir doch mal sehen, ob du dir das ganze Buch reingezogen hast und ein bißchen Bescheid weißt über die Jeans und alles, was damit zusammenhängt. Mit einfacheren Worten: Bist du ein Jeans-Typ oder einer von diesen Schlaffis, die im Kaufhaus rumhängen und sich den braunen oder grauen Garn mitnehmen? Ab sechs Punkten gehörst du zu denen, die jeansmäßig richtig gut drauf sind.

1. *Was bedeutet die Bezeichnung 501?*

   a) So viele Jeans werden stündlich in der Bundesrepublik verkauft, haben Statistiker ausgerechnet
   b) So hieß das erste Jeans-Modell, es wird unter der Bezeichnung 501 heute noch gefertigt
   c) Das erste Jeans-Modell lief unter der Bezeichnung 01 und hatte 5 Taschen

2. *Wer hat die Jeans erfunden?*

   a) der Amerikaner Lee B. Smith
   b) der deutschstämmige Levi Strauss
   c) der Kalifornier Tom Wrangler

3. *Welcher der folgenden Songs wurde durch die europäische Levi's-Werbung erneut zum Top-Hit?*

a) Surfin' USA
b) Hotel California
c) Stand By Me

4. *Welcher Rockstar hat sich Jeans-Hose und Jeans-Hemd als Bühnenkleidung ausgesucht?*

a) Michael Jackson
b) Bruce Springsteen
c) Prince

5. *Wie heißt der Stoff, aus dem die Original-Bluejeans gefertigt sind?*

a) Baumwoll-Denim
b) Jeans-Cotton
c) American Blue Silk

6. *In welcher amerikanischen Stadt stand die erste Jeans-Fabrik?*

a) San Francisco
b) Atlanta
c) Chicago

Alter Firmenwagen selbst die Pferde trugen Levi's

7. *Warum wurden die Original-Jeans bereits im vorigen Jahrhundert mit Nieten versehen?*

   a) Weil den Cowboys, die sie zuerst trugen, beim Reiten immer die Taschen aufplatzten
   b) Damit die Goldgräber, dic als erste Jeans trugen, ihre Gesteinsproben in die Taschen stecken konnten, ohne daß diese gleich einrissen
   c) Das war ein reiner Modegag

8. *Welcher Star machte die Bluejeans als Kleidungsstück der rebellischen Jugend weltweit populär?*

   a) James Dean
   b) Elvis Presley
   c) Humphrey Bogart

9. *Woran erkennt man unter anderem eine 501?*

a) An der gelben Doppelnaht
b) An dem roten Fähnchen neben der rechten Gesäßtasche
c) An der Bundfalte

10. *In den fünfziger Jahren setzten sich die Teenager mit ihren neuen Jeans in die Badewanne und ließen sie am Körper trocknen. Gibt es das heute auch noch?*

a) Nein – so etwas hat man heute nicht mehr nötig
b) Natürlich – für wahre Fans gibt es die Shrink-to-fit 501, die nach einem Vollbad so zusammenschrumpft, daß sie wie angegossen am Körper sitzt
c) Das mit der Badewanne war ein Werbegag der Hersteller, in Wirklichkeit hat es so was nie gegeben

Auflösung:

1. = b; 2. = b; 3. = c; 4. = b; 5. = a; 6. = a; 7. = b; 8. = a; 9. = b; 10. = b

Wo die 501 herkommen

Wer hätte das gedacht? Die 501 von Levi's, die in unseren Jeansläden über die Ladentische gehen, kommen nicht aus Deutschland und auch nicht aus Amerika. Sie werden in Frankreich hergestellt, in einer Fabrik in La Bassee, knappe zwei Stunden von der Levi's-Zentrale in Brüssel entfernt. Wir fahren an einem Dienstag um elf Uhr früh durch den kleinen Ort und parken vor dem schmucklosen Kasten im Industriegebiet.
Man hat mich gewarnt, und ich habe natürlich auch die bösen Artikel in einem Teil der Presse gelesen, die es nicht besonders gut mit dem Konzern meint. Von Sklavenarbeit ist da die Rede, von Zuständen, wie sie um die Jahrhundertwende im industriellen England geherrscht haben. Sogar die Mitarbeiter von Levi's haben mir gesagt, daß der Anblick der vierhundert Näherinnen in La Bassee nicht gerade erheiternd sei. Nicht weil die Damen besonders häßlich seien, ganz im Gegenteil, viele sind jung und besonders hübsch. Aber das ungewöhnliche Tempo, das die Näherinnen vorlegen, und das ständige Surren der Nähmaschinen vermittele tatsächlich den Eindruck, hier werde nur malocht.
Marcel Legrand, der Manager der Fabrik, empfängt uns mit ein paar freundlichen Worten und führt uns dann in die Fabrikhal-

le. Und da muß ich dann doch erst mal Luft holen. Vierhundert Näherinnen arbeiten um die Wette, schieben Jeansteile durch surrende Nähmaschinen und legen ein Tempo vor, das alle anderen Fabrikhallen wie Rentnerheime aussehen läßt. Da werden linke und rechte Hälften zusammengenäht, Taschen und Gürtelschlaufen angebracht und die berühmten Nieten in den Stoff geschossen. Flinke Hände greifen nach unfertigen Jeans und tun, was unsereiner nicht mal im Zeitlupentempo könnte. Und dabei

Marcel ist stolz auf seine 501

lächeln die Mädchen und Frauen und unterhalten sich sogar, und mir wird auf einmal klar, daß die das gerne machen. Daß keine von ihnen auf die Idee käme, ihre Arbeit als Sklavendienst zu bezeichnen. Viele arbeiten schon seit zehn, zwanzig Jahren in der Fabrik und sind so perfekt, daß sie in keinen anderen Job gehen würden.

»Unsere Fabrik wurde 1971 von Levi Strauss übernommen«, gibt Marcel mir erst mal ein paar grundlegende Informationen. »Wir haben 580 Mitarbeiter, davon sind ungefähr 480 als Näherinnen in dieser Halle beschäftigt. Sie arbeiten von 7 Uhr 30 bis 12 Uhr und von 12 Uhr 15 bis 16 Uhr 15. Mit einer Viertelstunde Mittag kommen sie aus, unsere Kantine ist sehr gut und vor allem sehr schnell. Wir stellen ausschließlich die 501 her, in Blue und Black Denim und kommen auf sechzehntausend Jeans pro Tag.«

Wir durchqueren die Halle, von neugierigen Blicken verfolgt, und treten in den großen Lagerraum, wo die bereits geschnittenen Jeansteile nach Größen sortiert liegen. »Keiner dieser Stapel liegt länger als vier Stunden im Regal«, meint Marcel stolz, »wir sind so organisiert, daß wir mit diesem Lagerraum auskommen. Die Trucks kommen morgens aus Antwerpen und liefern die Stoffballen aus Antwerpen an und verlassen uns nachmittags mit den fertigen und verpackten Hosen.«

Bereits in Antwerpen wird der Denim in einem Labor getestet. Qualität, Reißfestigkeit und Farbechtheit müssen mit dem Levi's-Standard übereinstimmen, anderenfalls fliegt der Stoff auf den Müll. In der Fabrik in La Bassee läuft der Denim noch einmal durch einen Lichtkanal und wird von erfahrenen Mitarbeitern ein weiteres Mal auf seine Qualität hin untersucht. Erst dann wandern die Ballen nach nebenan auf einen langen Tisch, wo sie von flinken Händen mit Schneidemaschinen in die gewünschte Form gebracht werden. 120 La-

Der gute alte Schnittmusterbogen – auch bei Levi's

gen Stoff auf einmal durchschneiden die scharfen Messer, und es ist schon erstaunlich, mit welcher Präzision die Facharbeiter ihre Maschinen handhaben. Der Schnittmusterbogen wurde von einem Computer errechnet, der dafür gesorgt hat, daß 92 Prozent des angelieferten Denims verwendet werden.

Die geschnittenen Teile wandern in die verschiedenen Abteilungen der Näherei. Marcel deutet auf vier junge Damen, die in Windeseile die Gesäßtaschen an die Hosenbeine nähen. »Wir fangen hinten an«,

Hübsch und flink: eine Näherin in La Basse

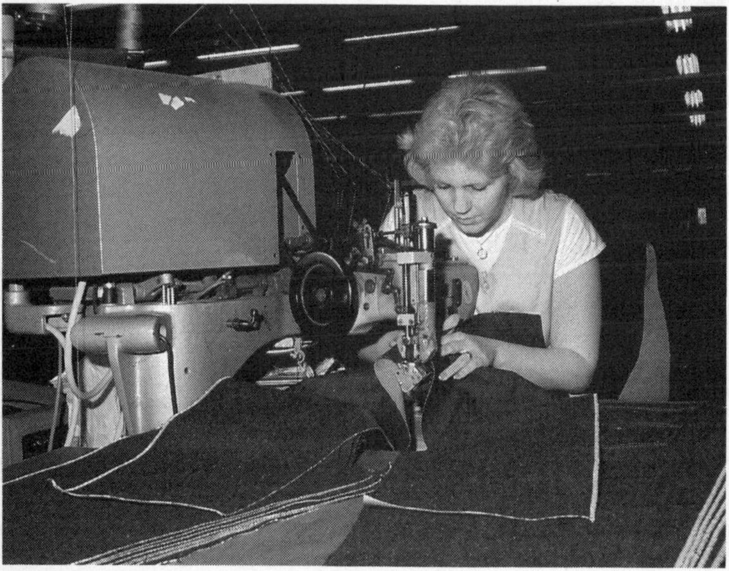

sagt er, »mit der Kehrseite der Jeans. Die Taschen werden angenäht, dann kommt die Vorderseite mit der Knopfleiste und den Taschen dran, nicht zu vergessen die Kleinigkeiten, wie das für die 501 typische Uhrentäschchen, in dem die meisten Leute allerdings ihr Kleingeld aufbewahren. Natürlich kann man immer erkennen, um welche Größe es sich handelt, wir haben da eine Codenummer, die auch ausschließt, daß die 501 kopiert werden kann. Eine 501 ist einmalig und nicht zu kopieren.«

In der zweiten großen Abteilung der Näherei wird der Bund an die ansonsten fertige Hose genäht. Die Nieten und die Gürtelschnallen kommen dran und natürlich auch das Etikett an der rechten Gesäßtasche. Dann wird die Hose von einer besonders erfahrenen Mitarbeiterin mit Argusaugen untersucht und wandert in einen Pappkarton. Dreißig Jeans pro Schachtel.

Wir bleiben lange bei der letzten Kontrollstation stehen. Es ist schon erstaunlich, wie schnell und zugleich genau die Dame im pastellfarbenen Kittel die Hosen inspiziert. Sie findet Fehler in einer Naht, die wir nicht mal bei genauerem Hinsehen erkennen, und lächelt stolz, als wir ihre Arbeit loben.

Wir plauschen eine Weile mit ihr, unterhalten uns auch mit ein paar anderen Näherinnen, die durchweg einen zufriedenen Eindruck machen und erst die Arbeit fallen lassen, als die Sirene zur Mittagspause ruft. Knapp fünfhundert Näherinnen stürmen die Kantine und haben innerhalb von fünf Minuten ihr Essen. Schinken, Pommes frites, Gemüse, dazu gibt es Mineralwasser, Limonade oder alkoholfreies Bier. Zum Nachtisch bekommt jede Arbeiterin ein Eis. Eine willkommene Abkühlung, denn um 12 Uhr 15 ertönt bereits wieder die Sirene, und die Näherinnen strömen an ihren Arbeitsplatz zurück. Nur wir bleiben in der Kantine und genießen noch einen starken französischen Kaffee.

Im Schnellzugtempo: die Gesäßtaschen kommen dran

»Diese Frauen arbeiten sehr hart«, sagt Marcel, »aber sie arbeiten gern und denken immer nur an das Produkt. Sie arbeiten nicht für Levi Strauss, das ist für sie eine unbekannte Größe, sie arbeiten für mich, ich bin ihr Boß und auch ein bißchen Beichtvater und Psychologe. Viele dieser Frauen verbringen ja ihr ganzes Leben in dieser Fabrik, fangen schon mit sechzehn, siebzehn Jahren bei mir an.« Marcel nippt an seinem Kaffee und lächelt ein wenig. »Irgendwie verläuft das Leben dieser Frauen immer nach demselben Muster. In den ersten fünf Jahren arbeiten sie hauptsächlich, um Geld zu machen. Sie brauchen Geld für den Friseur, für Kosmetika, fürs Ausgehen. Zwischen 21 und 25 Jahren heiraten die meisten. Dann arbeiten sie am härtesten, weil man sich ja eine Wohnung einrichten und ein Auto kaufen will. Ab fünfundzwanzig läßt die Konzentration etwas nach, dann erwarten sie ihr erstes Kind. Mit Anfang Dreißig kommt für viele das Desaster, sie wollen ihrem Leben entfliehen und irgendwo neu anfangen, und es kommt zur Scheidung, bei vielen zumindest. Andere sehen ein, daß sie nicht das Potential haben, um irgendwo neu anzufangen, machen aber eine Krise durch. Zwischen 35 und 45 stabilisiert sich die Lage, die Ehe festigt sich und wird durch neue Kinder zusammengehalten, oder es geht den Bach

hinab, und sie greifen zur Flasche. Ich muß mir die meisten dieser Probleme anhören, das ist wohl auch mein Job. Ganz besonders schlimm ist es immer montags, wenn die Frauen das Wochenende hinter sich haben.«
Wir trinken unseren Kaffee aus und schlendern noch einmal durch die Fabrikhalle, bevor wir mit einer neuen 501 in den Händen in den Regen hinaustreten. Hinter uns bleiben die Näherinnen in ihrer kleinen Welt zurück. Die Fabrik ist ihr Kosmos, die kleine Wohnung in La Bassee ihr Refugium – oder umgekehrt, wenn es zu Hause Probleme gibt. Der größte Teil ihres Lebens spielt sich bei Levi's in der Fabrik ab, und wenn sich unsereins auch ein bißchen mehr vom Leben erwartet – sie tun ihre Arbeit gern, und es gibt für sie nichts Schöneres, als ein Lob oder ein paar aufmunternde Worte von Marcel.

Trendsetter

Vor ein paar Jahren schien die gute alte Jeans den Weg alles Sterblichen zu gehen. Die jungen Leute besorgten sich grauen und braunen Zwirn und eiferten Typen wie diesem albernen John Travolta nach. Von wegen Disco und so. Manche schritten sogar im Anzug über den Tanzboden. Die blauen Hosen wurden nur noch von Bauarbeitern und Hobbygärtnern getragen. Und von älteren und unverbesserlichen Typen wie mir, die mit den Dingern aufgewachsen sind und nicht mehr davon loskommen. Dann kam's doch noch anders. Weil die Jungs und Mädels von Levi's den richtigen Riecher hatten und besonders in den legendären Werbespots wieder auf den Kult, auf die fünfziger und sechziger Jahre, setzten, und weil mutige Trendsetter die alte 501 zum neuen Modeding machten und jeansmäßig mächtig nach vorn preschten. Die trugen die gute alte 501 plötzlich oversized und kombinierten sie mit teurem Tweed oder teurer Seide. Ganz mutige stülpten sogar 'ne Smokingjacke drüber und traten in der 501 vor den Traualtar. Tja, und dann kam, was kommen mußte: Andere zogen nach, und die Jeans feierte eine fröhliche Auferstehung.

Jeans und Jeans gesellt sich gern ▸

Levi's
Quality never goes out of style.

Praktisch und bequem

Der Bauarbeiter in Frankfurt. Der Taxifahrer in Manhattan. Der Gemüseverkäufer in Sidney. Die junge Mutter in Tokio. Der Grafiker in San Francisco. Der Dichter in Buxtehude. Was kümmert diese Typen das Geschwätz, das um die 501 gemacht wird. Klar, auch sie haben geschmunzelt, als die alten Hits in den Commercials erklangen, aber eine Religion haben sie aus dem Jeanstragen nie gemacht. Sie tragen die 501 oder die ORANGE TAB, weil sie praktisch ist. Und bequem. Weil man sich mit so 'ner Hose nicht vorsehen muß, da kann man sich ruhig mal schmutzig machen. Und besser sitzen tut sowieso keine andere. Abends, ja, da klettern sie manchmal in 'nen Anzug und führen die Frau oder Freundin ins Fischlokal. Die Jeans ist Arbeitskleidung für sie. Wie für den Cowboy oder früher den Goldsucher. Praktisch und bequem. Praktisch und gut. Und wenn die 501 mal aus der Mode kommt, dann greifen sie immer noch danach.

Johnny Lässig

Du kennst den Typ. Irgendwie ist er dir ja zuwider, aber andererseits findest du ihn auch ganz cool. Nun ja, nicht besonders, dazu haut er zu sehr auf den Putz. Wie Don Johnson kommt er in das Straßencafé, die 501 ein bißchen oversized über Cowboystiefeln oder italienischen Angeberschuhen, das T-Shirt natürlich pastellfarben wie in »Miami Vice«, darüber ein Sakko, das cool aussieht, wahrscheinlich aber aus dem Kaufhaus kommt. Nicht zu vergessen die gestylten Haare und die schwarze Sonnenbrille und der modische Dreitagebart. Johnny Lässig eben. Ein Typ wie aus 'm Fernsehfilm, genauso albern und genauso künstlich.

Er trägt die 501 nicht, weil sie ihm gefällt, sondern weil irgend jemand gesagt hat, daß sie jetzt der letzte Schrei ist. Vor ein paar Monaten noch hätte er dich ausgelacht, wenn du in 'ner Jeans angetanzt wärst. Jetzt trägt er selber eine, und er tut doch verdammt noch mal so, als hätte er die blauen Hosen erfunden. Ekelhaft cool, wie er an dem Tisch mit den Mädchen vorbeischlendert, so wie der Kerl in dem Tanzpalast-Video, und sich an der Bar ein Perrier mit Zitrone bestellt. Perrier. Auch so was. Früher hat er hundsgewöhnliches Apollinaris gesüffelt, und das hat ihm auch besser geschmeckt. Was soll's. Jetzt fehlt nur noch, daß er die Davidoffs aus der Tasche zieht. Nee. Marlboro. Ist eben doch nicht so in, wie er glaubt, dieser Johnny Lässig. Wenigstens wischt er sich seine zitronennassen Hände am blauen Denim ab, das hätte er an dem grauen Disco-Zwirn von früher nie gewagt. Na, vielleicht wird ja doch noch was aus dem Jungen. Wenn er erst mal sein blödes Gehabe abgelegt hat und so natürlich daherkommt wie der Student in seiner ORANGE TAB, dann vielleicht. Nimmt ihm doch der biedere Typ in den biederen Jeans die Mädels weg. Tja, mein Junge, es sind schon Leute an ihrer eigenen Lässigkeit erstickt. Solltest vielleicht mal die dunkle Sonnenbrille abnehmen, vielleicht siehst du dann klarer.

Jung und frisch

Sie waren noch gar nicht geboren, als sich unsereins zum erstenmal mit seiner Jeans in die Badewanne legte. In dem Video haben sie es zum erstenmal gesehen und erst mal für ein Märchen gehalten. Bis alte Hasen wie wir kamen und sie aufgeklärt haben. Die Rede ist von den Frischlingen. Diesen Jung-und-Frisch-Typen, die dauernd Cola trinken und Lord rauchen. Die unbeschwert durch die Landschaft hopsen und gute Laune verbreiten. Sauber sind sie, diese unkomplizierten Wonnehüpfer, manchmal fast ein bißchen zu clean. Anders als wir, die wir in den frühen Sechzigern wie die Stones aussahen und auf Hippie machten. Auch in Jeans natürlich, aber in abgewetzten und schmutzigen, die unterschieden sich wie ein Straßenköter von 'nem Schoßhündchen von den sauberen Jeans, die diese Frischlinge tragen. Dabei sind es dieselben Dinger. Nur hießen sie bei uns noch nicht 501, sondern einfach Levi's, und die SILVER TAB und KLONDYKE gab's natürlich auch nicht, und oversized haben wir sie auch nicht getragen. An diesen jungen Typen sehen die Jeans anders aus. So wie die Turnschuhe, die ja inzwischen hochschäftig sind und nichts mehr mit den Leisetretern eines James Dean gemeinsam haben. Ganz zu schweigen von den kessen, sauberen Haarschnit-

ten. Mann, was liefen wir noch mit Mähnen rum. Aber ich will nicht wehleidig sein und der Vergangenheit nachweinen. Sind ja gut drauf, diese Jugendlichen von heute, und jede Generation trägt ihre Jeans eben anders. Aber Unabhängigkeit sollen die blauen Beinkleider wohl noch immer demonstrieren. Unabhängigkeit gegenüber den Erwachsenen natürlich. Nur daß die Eltern inzwischen auch Jeans tragen. Vielleicht ein Grund dafür, daß sich manche Jugendliche schon Löcher in die Jeans schneiden. Einfach so. Damit die Dinger cooler aussehen und sich besser von den Hosen der Eltern unterscheiden. Kaputt? Klar, wenn man's wörtlich nimmt. Aber irgendwie find' ich's ja schon wieder affenmäßig. Also jung und frisch und adrett oder jung und frisch und adrett und 'n paar Löcher in den Jeans – da ist mir letzteres lieber, auch wenn ihr mich jetzt einen verqueren Dämelack scheltet.

◂ *Jung, frisch, fröhlich, frei – dazu die 501*

»Zwischen mich und meine Jeans...«

»Zwischen mich und meine Jeans lasse ich nichts kommen«, sagte Brooke Shields, als sie noch für Jeans ihren Namen hergab. Affig, was? Dabei wollte doch sowieso keiner was von diesem Halb-Kind-halb-Biest, das ständig mit der Mutter antanzte. Und ihre Jeans wollte auch keiner, überhaupt, diese Designer's Jeans. So vor zehn Jahren, da kam plötzlich jeder Modefritze und drückte einer Jeans seinen Stempel auf. Pierre Cardin und wie sie alle heißen. Waren ja nicht schlecht, diese Jeans, aber irgendwie albern fand ich sie doch. Mit dem Meisterkoch Paul Bocuse war's dasselbe, als der seinen Namen für gewöhnliche Konserven hergab. Schuster, bleib bei deinen Leisten, sage ich da nur. Und Brooke Shields? Nun ja, sie wird's verwinden, daß ihre Jeans nicht den gewünschten Absatz fanden. Und Mütterchen ist ja auch noch da.

Klondyke – aus dem Hohen Norden

Aus dem Hohen Norden, aus Kanada und Alaska, werden uns Frische und Sauberkeit signalisiert. Da ist die Luft noch rein, die Flüsse führen klares Wasser, und den Fisch und das Wild kann man noch getrost verspeisen. Die Bäume sind gesund und stehen voll im Saft, und es duftet nach Fichten. Da oben im Norden ist die Welt noch in Ordnung, und da fließt auch der Klondike oder Klondyke, der legendäre Fluß der Goldgräber und Abenteurer. Ein besonders reiner Fluß, und deshalb heißen auch die neuen Jeans von Levi's so. KLONDYKE. Als andere Firmen mit allen möglichen Chemikalien an ihren Jeans rumwurschtelten, um eine besonders coole Farbe zu erreichen, und als manche sich vorwerfen lassen mußten, daß ihr Waschausfall hautschädigend sei, da gingen die Levi's-Macher mal wieder ins Labor und testeten und testeten. Die 501 brachte Kohle genug, da konnte man sich Zeit lassen für ein neues Produkt, und als es dann endlich kam, da stimmte es. KLONDYKE. Ein bißchen abenteuerlich und sehr rein und sauber. So wie die jungen Typen heute. Und teurer. Aber es war ja schon immer ein bißchen teurer, einen besonderen Geschmack zu haben...

KLONDYKE
Levi's

Jeans von A bis Z

Armani-Jacken und Gucci-Accessoires trägt der modebewußte Italiener zu seiner 501. Oder Sweatshirts und ärmellose Anoraks in grellen Farben. In Deutschland kann man die Paradehose kombiniert mit gepolsterten Sweatshirts und sogar Smokingjacke und Fliege sehen. »Unten blau und oben bürgerlich« heißt die Devise in Frankreich, Großbritannien und den Beneluxländern. Dort trägt man eine stinknormale Tweedjacke, sowie Hemd und Krawatte zur 501. Junge Japaner tragen Hemden mit absolut geradem Schnitt und ohne Krawatte zu ihrer Jeans.

Bleached bedeutet, daß die Jeans mit Chlor, also chemischen Mitteln, gebleicht wurde. Power-Bleached soll heißen, daß besonders heftig gebleicht wurde. Dann haben die Jeans eine schöne gleichmäßig helle Farbe, aber nicht jede Haut verträgt den so behandelten Stoff.

Camen heißt der Typ aus dem berühmten Waschsalon-Video. Nick Camen, um genau zu sein. Ein ehemaliges Fotomodell und ein ziemlich cooler Typ, der seinen Job eigentlich schon aufgegeben hatte, als er die Rolle in dem Levi's-Werbespot annahm. Natürlich konnte er nicht ahnen, daß das Ding so einschlagen würde. Sein eigentliches Ziel aber ist es, ein anerkannter Sänger zu werden, und da hat ihm der »Waschsalon« ganz schön geholfen. Und natürlich Madonna, die sogar was mit ihm gehabt haben soll. War aber nicht. Nicks erste Platte kam gut an bei den Kids, und weitere sollen folgen.

Denim heißt der Stoff, aus dem Jeans gemacht werden. ›Serge de Nimes‹ war die ursprüngliche Bezeichnung für den robusten Baumwollstoff, und die wenig sprachbegabten Amis machten aus dieser Wortschöpfung ein schlichtes Denim. Zu erkennen ist er an den blau-weißen Diagonalstreifen auf der Rückseite.

Early Adopters nennt man bei Levi's die ganz modebewußten Leute, die etwas ›früh annehmen‹ und sich als erste für eine neue Idee begeistern. Oder eine neue alte Idee wie die 501, weil die schon wieder so alt ist, daß sie heute beinahe avantgardistisch wirkt.

Fünf-Null-Eins war die Produktionsnummer der von Levi's gefertigten Ur-Jeans. Damals nannte man sie schlicht Levi's, weil es gar keine anderen Jeans gab, heute trägt jeder Jeans-Freak die Zahlen 501 auf den Lippen. Was es mit dieser Wunderhose auf sich hat, steht woanders.

Grau verfärbt sich die schwarze Jeans aus Black Denim, wenn sie gebleicht oder mehrmals gewaschen wird. Viele stehen drauf, die echte Blaue wird die Schwarze aber niemals ablösen können.

Hosen brauchten die kalifornischen Goldgräber, als Levi Strauss mit einem Ballen Segeltuch in San Francisco auftauchte. Strapazierfähige Hosen. Was den findigen Franken auf die Idee brachte, keine Zeltplanen, sondern hüfthohe Overalls aus dem robusten Material zu schneidern: Die 501 war geboren. Nachzulesen in den ersten Kapiteln.

Indigo-Farbstoff wird zum Färben des Blue Denim verwendet. Die natürliche Farbe durchwirkt das Gewebe aber nicht, sondern liegt in mehreren Schichten auf und wird mit jedem Waschgang ein bißchen mehr abgetragen. Die Jeans bleichen aus.

Jeans – dieses Wort wurde bereits im 16. Jahrhundert in der christlichen Seefahrt verwendet. Zusammen mit dem arabischen Wort ›fustian‹ bezeichnete es einen linksseitig aufgerauhten Arbeitsstoff. 1567 las man »Jene fustyan«, 1575 »geanes fustion« und 1589 »Gene fustian«. Immer wurde damit ein derber Stoff bezeichnet, aus dem die Arbeitshosen der genuesischen Seeleute gemacht waren, und der wohl auch aus Genua kam. Im 18. Jahrhundert kann man das Wort ›Jeans‹ zum ersten Mal in einer amerikanischen Zeitung lesen, immer noch war ein Stoff damit gemeint. Für eine bestimmte Art von Hose kam es erst zwischen 1860 und 1870 in Umlauf. Damals lebte auch der erste prominente Jeansträger, ein gewisser James Douglas Williams und seines Zeichens Gouverneur des US-Bundesstaates Indiana. Wegen seiner Vorliebe für die blauen Hosen ging er als ›Blue-Jeans-Williams‹ in die Annalen des Staates ein.

Klondyke heißt nicht nur ein Fluß im nördlichen Kanada, sondern auch der neue Waschausfall von Levi's. Eine ziemlich eindeutige Antwort auf die zur Ekstase gewordene Waschsucht der Konkurrenz, die oft nicht hielt, was sie versprach. Besonders wenn man an die Umwelt und die Hautverträglichkeit dachte. Levi's brachte das neue Produkt nach intensiven Studien und Marktbeobachtungen auf den Markt und verweist in der Werbung auf die saubere Optik, natürliche Farbe und das hochwertige Finish mit gleichmäßiger Patina.

Lycra, wenn auch in geringer Menge, wird dem Denim zahlreicher Jeans (nicht bei Levi's) beigegeben, damit sie sich besser dem Körper anpassen. Ein echter Jeans-Freak lehnt solche Mätzchen ab und setzt sich lieber in die Wanne.

Marlon Brando und James Dean gehörten zu den jungen Rebellen, die der Jeans in den frühen fünfziger Jahren zum weltweiten Siegeszug verhalfen. Die Levi's wurde zum Symbol einer selbstbewußten Jugend, die anders sein wollte als ihre Eltern und dies auch in der Kleidung dokumentierte.

Nieten kamen erstmals 1860 an die Jeans. Ein Schneider namens J. W. Davis kam auf die bahnbrechende Idee, weil die Hosentaschen des Goldgräbers Alkali Ike, der in sie seine Gesteinsproben steckte, immer ausrissen. Also nietete er die Dinger kurzerhand fest. Levi Strauss griff die Idee auf und ließ sie am 20. Mai 1873 unter der Nummer 139 129 patentieren.

Old Levi's never die – they just fade away... Mit diesem Slogan machte Levi's seine Jeans unsterblich. Auf gut deutsch heißt der Spruch nämlich: Alte Levi's sterben nicht – sie bleichen nur aus.

Power-bleached und power-washed – so heißen die Verfahren, welche die Jeans ausgewaschen und scheckig aussehen und die Nähte plastisch hervortreten lassen. Kenner kaufen die 501 allerdings ungewaschen und vertrauen auf die Kräfte der Natur.

Quality never goes out of style – noch so ein erfolgreicher Werbespruch der Levi's-Werbeagentur. Qualität kommt niemals aus der Mode. Hat allerdings auch ihren Preis. Dafür halten die 501 auch ewig und länger.

Rockstar Bruce Springsteen gehört zu den prominentesten 501-Trägern. Dabei steht er nicht mal bei Levi's unter Vertrag. Ich bin einer von euch, will er seinen Fans wohl sagen, ich brauche keinen Glitzerfummel auf der Bühne. So dachten auch Elvis und Marlon Brando und James Dean und sogar Marylin Monroe. Und viele, viele andere – damals und heute.

Stonewashed – seit der berühmten Waschsalonszene aus dem Werbefilm das Wort der achtziger Jahre. Soll heißen: Die Jeans werden mit Bimssteinen in eine Spezialwaschmaschine geworfen und so lange gewaschen, bis die Steine einen Teil der Farbe aus dem Denim gerieben haben. Dann sind die Jeans weicher und sehen cooler aus.

Trendsetter sind ihrer Zeit immer um einen Schritt voraus – tragen die 501 zum Beispiel auch in den achtziger Jahren oversized und lassen sie erst in der Badewanne oder in der Waschmaschine auf die eigene Figur zusammenschrumpfen. ›Early Adopter‹ heißen bei Levi's die fortschrittlichen Leute, die eine neue und vielleicht revolutionäre Mode als erste aufgreifen. Erst dann kommt die breite Masse ins Spiel.

Ulrich Plenzdorf, ein bekannter DDR-Dichter, sagte einmal: »Natürlich Jeans! Oder kann sich einer ein Leben ohne Jeans vorstellen? Jeans sind die edelsten Hosen der Welt!«

VW zum Anziehen – so hieß wohl eine der schönsten Schlagzeilen, die jemals in Sachen Jeans formuliert wurden. Aber auch »Jeans – das blaue Wunder« war nicht schlecht.

Wonderful World hieß einer von vier Hits, die durch die inzwischen schon legendären Levi's-Commercials wieder zu Top-Ten-Ehren kamen. Die anderen drei: »I Heard It Through the Grapevine«, »When A Man Loves A Woman« und »Stand By Me«.

X-mal wurde die Levi's schon kopiert, aber keiner kommt an den Erfolg von Levi's heran. So wie Cola-Kenner auf Coke schwören, greifen die Jeans-Freaks nur nach der Levi's.

Yves St. Laurent, der berühmte französische Modemacher, sagte über Jeans: »Ich wünschte, ich hätte die Blue Jeans erfunden – etwas so außergewöhnlich Spektakuläres, Praktisches, Bequemes und Lässiges. Sie sind ausdrucksstark und anspruchslos, sexy und simpel – all das, was ich mir von einem Kleidungsstück wünsche.«

Zahlen sprechen eine deutliche Sprache. Ein Beispiel: Im Jahre 1880 wurden für 2,4 Millionen Dollar Levi's verkauft. Ein Jahrhundert später gehen Levi's für über 2 Milliarden Dollar jährlich über den Ladentisch.

Zeittafel

1829 Am 26. Februar wird Levi Strauss im fränkischen Buttenheim geboren. 1847, also ein Jahr vor Beginn des kalifornischen Goldrausches, wandert er nach Amerika aus.

1850 David Stern eröffnet einen Kurzwarenladen, der später zu Levi Strauss & Co. gemacht wird.

1853 Levi Strauss kommt in San Francisco an und schneidert die erste Jeans aus einem Ballen braunen Segeltuchs.

1873 Levi Strauss läßt die Nieten patentieren, die den Jeans zusätzliche Stabilität verleihen sollen.

1874 Das erste Gebäude von Levi Strauss & Co. wird in San Francisco gebaut. Im großen Erdbeben von 1906 fällt es den Flammen zum Opfer.

1879 Ein Paar Levi's kosten $ 1,46. Vor allem die Goldsucher sind von den neuen Hosen begeistert.

1880 Levi Strauss & Co. stellen nun auch Arbeitshemden her.

1886 Das lederne Etikett mit den beiden Pferden, die vergeblich versuchen, eine Levi's auseinanderzureißen, wird zum erstenmal an die Jeans genäht. Es gehört auch heute noch zu den unverwechselbaren Markenzeichen der Firma.

1890 Levi Strauss & Co. führt Produktionsnummern ein. Die hüfthohen Overalls bekommen die Nummer 501.

1897 Levi Strauss führt achtundzwanzig Stipendien an der University of California ein.

1902 Levi Strauss stirbt und vererbt die Firma seinen vier Neffen. In den Zeitungen wird das Schaffen des Firmengründers ausführlich gewürdigt.

1912 Koveralls, eine Art Overall für Kinder, werden eingeführt und als erstes Produkt nationwide verkauft. Bei der Panama-Pacific Exhibition drei Jahre später in San Francisco bekommen die Koveralls den ersten Preis.

1922 Die erste Levi's mit Gürtelschnallen wird verkauft. Die Knöpfe für Hosenträger bleiben noch bis zum Zweiten Weltkrieg.

1930 Die ersten Dude Ranches werden gegründet. Oststaatler verbringen dort ihre Ferien, nehmen die Levi's als Souvenir mit und machen die Bluejeans auch im Osten bekannt.

Levi's im Wandel der Zeiten

1936 Das Fähnchen, auch heute noch ein Markenzeichen, taucht zum erstenmal neben der rechten Gesäßtasche auf.

1937 Die Nieten an den Gesäßtaschen werden mit Stoff bedeckt, weil sie sonst Sättel und Schultische verkratzen.

1941–1945 Im Zweiten Weltkrieg werden Levi's Jeans zum wichtigen Produkt erklärt und nur an solche Kunden verkauft, die direkt oder indirekt mit der Armee zu tun haben.

1945 Nach dem Krieg besteht eine so große Nachfrage nach Jeans, daß die Firma kaum noch mit dem Herstellen nachkommt. Vor den Läden bilden sich lange Schlangen.

1954 Lighter Blues-Sporthosen werden auf den Markt geworfen und markieren eine neue Offensive der Firma.

1955 Zum erstenmal werden Jeans mit Reißverschluß verkauft. Viele Kunden hatten danach verlangt.

1960 White Levi's, die weißen Jeans, werden geboren. Sie unterschieden sich nur in der Farbe von der Original 501.

1963 Stretch und Cord Levi's kommen auf den Markt.

1964 Die Sta-Prest, eine bügelfreie Sporthose, wird von Levi's eingeführt – damals eine Revolution auf dem Bekleidungsmarkt.

1965 Die internationale Abteilung von Levi's, in den fünfziger Jahren als Exportfirma gegründet, weitet sich nach Europa und Asien aus.

1971 Zum erstenmal werden Aktienanteile der Firma verkauft.

1973 Der Levi's Denim Art Contest stößt auf riesige Resonanz. Tausende von bestickten und verzierten Jeans und Jacken gehen bei Levi's ein und auf weltweite Museumstour.

1975 Der Umsatz des Konzerns übersteigt eine Milliarde und kann bis 1979 auf zwei Milliarden gesteigert werden.

1976 Levi's Jeans werden im Smithsonian Institute in der ständigen Ausstellung für amerikanische Geschichte gezeigt.

1981 Levi's Plaza, der neue Bürokomplex der Firma in San Francisco, wird eingeweiht. Er liegt nur wenige hundert Meter von der ersten Fabrik entfernt.

1984 Levi Strauss & Co. wird offizieller Ausstatter der amerikanischen Olympiamannschaft.

1985 Levi Strauss & Co. geht in Familienbesitz zurück.